서정시학 신서 57

황순원 문학과 인간 탐구

최동호

서정시학

최동호

1948년 경기도 수원 출생. 고려대 국문과, 동대학원 문학박사
경남대와 경희대, 고려대 교수 역임, 현재 고려대 명예교수 겸 경남대 석좌교수
Iowa대학, 와세다대학, UCLA 등에서 객원, 연구교수로 동서시 비교연구
시집 『황사바람』(1976), 『아침책상』(1988), 『딱다구리는 어디에 숨어 있는가』(1995), 『공놀이하는 달마』(2002), 『불꽃 비단벌레』(2009), 『얼음얼굴』(2011), 『수원남문언덕』(2014) 등이 있다.
현대불교문학상, 고산 윤선도문학상, 박두진문학상, 유심작품상 등의 시부문 문학상과 소천비평상, 시와시학상, 김환태비평상, 편운문학상, 대산문학상 등의 평론상을 수상했다.

서정시학 신서 57
황순원 문학과 인간 탐구
_____

2015년 6월 20일 초판 1쇄 발행

지 은 이 · 최동호
펴 낸 이 · 최단아
펴 낸 곳 · 서정시학
편집교정 · 최진자
인 쇄 소 · 서정인쇄

주소 · 서울시 성북구 성북로 4길 52, 106동 1505호(돈암동, 한신아파트)
전화 · 02-928-7016
팩스 · 02-922-7017
이 메 일 · poemq@dreamwiz.com
출판등록 · 209-91-66271

ISBN 978-89-98845-98-8   93810

계좌번호: 070101-04-072847(국민은행)

값 21,000원

잘못된 책은 바꾸어 드립니다.

서 정 시 학 신 서

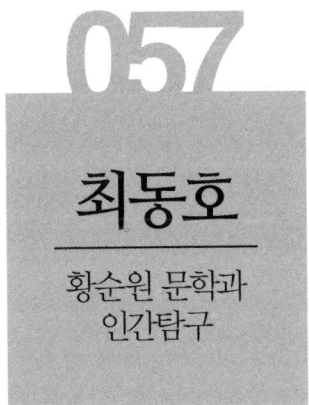

057

최동호

황순원 문학과
인간탐구

서정시학

이 도서의 국립중앙도서관 출판예정도서목록(CIP)은 서지정보유통지원시스템 홈페이지(http://seoji.nl.go.kr)와 국가자료공동목록시스템(http://www.nl.go.kr/kolisnet)에서 이용하실 수 있습니다.(CIP제어번호: CIP2015015823)

머리말

　이 책은 황순원의 시와 소설에 나타나는 인간 탐구와 황순원의 인간적인 모습을 조명한 비평서이다. 황순원 선생을 처음 만나 뵌 것은 1981년 3월 하순이었다. 경희대학교 문리대 햇빛 환한 교수 휴게실이었다. 국문학과 교수로 막 부임하여 인사를 드렸던 것이다. 물론 선생님의 소설을 1960년대 초반부터 읽은 바 있기 때문에 작품을 쓴 작가를 직접 만난다는 것은 어린 문학 지망생처럼 가슴이 두근거리는 일이기도 했다.
　어렵게 선생님을 뵙고 난 다음 1988년 3월까지 경희대학교에 봉직하는 7년 동안 선생님으로부터 많은 것을 배웠다. 작가나 문인으로 사는 것은 물론 인생에 대해서도 깊은 생각을 하게 만들어 주신 분이 황순원 선생님이다. 해마다 연말이면 학과 전교수와 함께 선생님 댁에 묵은세배를 드리러 갔던 것은 잊을 수 없는 추억 중의 하나이다.

　선생님은 2000년 9월 어느 날 새벽 홀홀히 세상을 하직하셨다. 그리고 댁을 방문할 때마다 번거로움을 마다하지 않으시고 우리를 반갑게 맞이해

주시던 사모님도 2014년 가을 추석을 앞두고 세상을 떠나셨다. 한국 현대문학 100년의 한 세월이 역사의 저편으로 사라진 것 같았다. 더욱이 금년 2015년은 선생님의 탄신 100주년이 되는 해이다. 무언가 선생님 내외를 더 멀리 떠나보내기 전에 작은 책을 하나 저술하고 싶었다. 물론 시를 전공한 필자로서는 전에도 선생님의 시에 대한 평문을 썼지만 선생님의 소설에 대해 이야기한다는 것은 쉽지 않았다. 그러나 금년이 아니면 더 미룰 수 없다는 생각이 들어 산발적으로 쓴 글들을 한데 모으고 새로 장편 『별과 같이 살다』에 대한 긴 글을 겨울에 썼다. 그동안의 문단에 제기된 논점의 일부를 비판하고 새로운 해석을 가했다. 조금 미진하기는 하지만 나름대로 작품을 새로 읽고 의미를 확장하여 가치평가를 해 보고 싶었다.

이 책에서 가장 관심을 가졌던 것은 일차적으로는 구체적인 작품 분석이지만 결국 인간 황순원을 어떻게 작품 해석이나 이야기를 통해 자연스럽게 드러내는가 하는 점이었다. 훌륭한 작품은 인간을 보여주어야 한다고 한다. 결국 살아 있는 인간이 드러나지 않는 문학이나 비평은 궁극의 지점에 도달

할 수 없다는 문제의식을 가지고 이 책을 엮었다.

　황순원 연보와 연구서지는 장현숙 교수의 『황순원문학연구』(푸른사상사, 2013)와 황순원학회의 『황순원 연구총서』(국학자료원, 2013)의 목록을 토대로 수정보완 했으며, 이들 선행연구에 깊이 감사드린다.
　마지막에 수록한 미발굴 자료는 주로 시 「나의 꿈」(『동광』, 1931년 7월) 이전의 작품들로 이미 목록은 조사되었지만, 초기 황순원 선생의 시 세계의 다양성을 보여주는 흥미로운 작품들이라 판단되어 수록했다.

　선생님과 경희대학교에서의 옛 인연을 기리기 위해 탄신 100주년을 맞이해 간행되는 이 작은 책이 선생님에게 누가 되지 않기를 바라는 마음 간절하다.

2015년 4월 햇살 밝은 봄날

최동호 씀

차례

머리말 / 5

제1부

인간 황순원 선생을 생각하며 / 13
1. 문학적인 것과 인간적인 것 ········ 13
2. 다시 황순원 선생님과 소나기 마을을 생각하다 ········ 17

황순원 선생과 양정길 여사의 문학세계 / 20
1. 시의 문맥과 삶 ········ 20
2. 「잡초」의 생명력과 동경시대 ········ 21
3. 황순원 문학과 모성의 영원성 ········ 27

인간 황순원과의 가상 대담 / 31
가상대담 1. 서정주, 김용성, 전상국 ········ 32
가상대담 2. 김종회, 박덕규, 장현숙 ········ 39

제2부

황순원 초기 작품의 다양성과 체험의 원초성 / 53
1. 숭실중학교 시절의 다양한 작품들 ········ 53
2. 실제 체험과 문학적 발전 ········ 56
3. 시적 체험과 황순원의 문학 ········ 62
4. 황순원 문학과 평생의 시 ········ 64

동경의 꿈에서 피사의 사탑까지 / 67
1. 황순원의 신선한 힘 ········ 67
2. 시적 체험의 고향 ········ 70
3. 도도한 문학적 일관성 ········ 97

제3부

황순원의 「소나기」와 단편소설에 대하여 / 103
1. 작가의 삶과 작품의 상관성 ········ 103
2. 두 가지 사건과 이상주의 ········ 104
3. 비극적 세계와 아름다운 삶의 동경 ········ 107

장편『별과 같이 살다』상징적 여성성 / 110
1. 희생의 제물과 시대의 알레고리 ········ 110
2. 『별과 같이 살다』의 구성과 단락 구분 ········ 114
3. 민담이나 이야기의 도입과 소설적 흥미 ········ 128
4. 주인공의 인물형의 설정과 시대를 반영하는 인간 ········ 134
5. 시대를 바라보는 시선의 중층성 ········ 140

- ▣ 황순원 연보 / 145
- ▣ 황순원 연구논저 발표연대별 목록 / 166
- ▣ 1930년대 황순원 시 자료 발굴
  1. 1931년『매일신보』소재 자료 발굴 / 221
  2. 1935년 10월 15일『조선중앙일보』소재 자료 발굴 / 271

인간 황순원 선생을 생각하며
황순원과 그의 동반자 양정길 여사의 문학세계
인간 황순원과의 가상 대담

인간 황순원 선생을 생각하며

1. 문학적인 것과 인간적인 것

소설가 황순원 선생이 2000년 9월 14일 노환으로 타계했다. 부음을 알리는 전화를 받는 순간 둔중한 충격을 받았다. 1960년대 초반 중학교시절부터 그분의 소설 「소나기」를 읽었던 추억과 1980년대 경희대학교에서 그분을 모시고 지냈던 7년여 세월이 영상처럼 스쳐 지나갔다. 최근의 복잡한 문단 내외의 사정들이 그리고 문명사적 위기에 대한 경각심이 그분의 타계를 애석하게 만들었다.

동시다발적으로 떠오르는 이러한 이미지들을 하나로 말하자면 그것은 문학적인 것과 인간적인 것들이 필자의 내면에서 충돌하면서 불러일으키는 섬광과도 같이 스쳐간 것이다. 황순원 선생님 문학적 성과 면에서 누구도 따르기 힘든 문학사적 위치를 점유한 것이 확실하지만, 인간적 풍모 또한 남다른 것이었다고 하지 않을 수 없다. 소설가 전상국은 선생의 풍모를 '우리 시대의 큰 바위 얼굴'이라 말한 바 있는데, 가까이 모신 7년여의 세월을 돌이켜 볼 때, 선생님이 항심처럼 지니고 계신 인간적 정결성은 혼탁한 시대를 살고 있는 필자에게 늘 새로움을 불러일으켰다.

　선생님은 말씀이 많은 분이 아니었다. 선생님은 따뜻한 분이었다. 그리고 엄격한 분이었다. 뿐만 아니라 자신의 원칙은 굳건하고 결연하게 지킨 분이었다. 선생님은 한국문단의 거대한 느티나무이자 큰 바위 얼굴과 같은 분이었다. 선생님은 과다한 지식을 가르치려 하거나 헛된 논변으로 사람들을 현혹시킨 분이 아니었다. 원칙을 지킨다는 말만 앞세우고 원칙을 지키지 않는 사람들이 득세하는 오늘의 상황에서 선생님은 한 사람의 소설가만이 아니라 한 인간으로서도 국민적 사표가 될 만한 분이었다. 그럼에도 선생님은 작가는 소설을 통해서 말할 뿐이라는 자신의 소신을 끝까지 지킨 엄격한 분이었다.

　세속주의와 배금주의가 범람하는 사회에서 어쩌면 선생님은 고독한 예외자였는지도 모른다. 경희대학교 봉직시절 선생님이 나에게 깨우친 것은 문학적인 것과 인간적인 것은 다르지 않다는 것을 몸소 보여주신 점이었다. 작가와 작품은 다른 것이라는 제법 객관적이고 과학적일 것 같은 비평적 논리에 기울어져 있던 나에게 작가와 작품은 다른 것이 아니라는 가르침은 커다란 충격이었다.

　서양의 책 속에서 또는 난삽한 용어로 버무려진 비평논리 속에서 찾을 수 없는 한 인간의 진정한 모습을 보았던 것이다. 선생님은 과장이 없는 분이었다. 단호한 결의와 처신에서 늘 인간적 품격과 절제를 느낄 수 있었다는 점에서 나는 작가를 지망하던 그분의 젊은 시절을 떠올려 보지 않을 수 없었다. 그분은 작품의 완성이 인간적 완성을 뜻하는 것과 같다는 신념을 가지고 있었다. 한 편의 소설은 말할 것도 없고, 하나의 문장, 하나의 단어에도 세심한 정성과 노력을 기울였다는 점에서 그분의 작품은 글쓰기의 모범이었다. 그분의 부음을 듣는 순간 내가 느꼈던 것은 20세기 한국문화의 정점에 빛나던 별빛 하나가 어둠의 지평선 저편으로 사라지며 마지막 전별을 고하는 것 같은 감정이었다.

최근 우리 문단에서 문학에 대한 진지한 추구나 인간적 정결성은 사라지고 짜깁기 문화와 세속적 물신주의가 광범위하게 확산되고 있다. 그러나 이런 정도의 문제라면 20세기가 진행되는 동안 내내 거론되었던 위기의식의 일종에 불과하다. 지금 좀 더 심각하게 떠오른 것은 기술정보의 놀라운 축적으로 인해 인간 생명의 복제가 실제로 가능한 상황에 도달했다는 사실이다.

신의 피조물로 고통 받던 인간들이 생명공학의 발전으로 인해 인간을 복제할 수 있는 기술을 확보한 것이다. '인간복제가 영생의 열쇠라고 믿는 다국적 종교집단이 복제인간을 탄생시킬 준비에 착수했다'(『동아일보』, 2000.11.6)는 보도는 이제 유전자를 조작하는 비정한 메스에 의해 인간의 미래가 지배된다는 것을 뜻한다.

지금까지 인류의 역사와 문화는 인간이란 유일절대의 생명체를 기본적인 전제로 성립된 것들이다. 종교와 철학과 예술이 모두 그러하다. 그러나 똑같은 인간을 무수히 복제하거나 유전자를 조작하여 슈퍼맨을 양상하게 된다면, 지금까지 지켜온 모든 사회적·문화적 전통과 관습은 그 통어력을 상실하게 될 것임에 틀림없다.

이런 상황에서 과연 문학이란 무엇일까 하는 질문을 던져 보는 것은 어리석은 일인지 모른다. 단순히 문학의 위기가 아니라 이제 인간이 위기인 시대를 눈앞에 두고 있는 것이 오늘의 우리들이 아닐까. 미래를 예측하는 학자들에 의하면, 2030년경에는 거리를 활보하는 많은 사람들 중에 오늘날 우리가 말하는 인간들보다 만들어진 인간(로봇이나 사이보그 인간)들이 더 많아질 것이라고 한다. 인간의 수명은 연장되지만 출산율은 극도로 저하될 것이며, 부족한 노동력은 만들어진 인간에 의해 대체될 것이라는 것이다. 가상인간과 함께 살고, 가상인간과 사랑하는 일이 빈번해질 것이며, 기성의 종교는 더 이상 사람들이 신봉하지 않는 시대가 올 것이다.

물론 이런 이야기들이 우리들로 하여금 미래를 우울한 것으로 전망하게 만드는 기우에 지나지 않는 것이며, 앞으로 21세기는 지금까지 그 어느 세기보다 인간의 삶의 질이 향상될 것이며, 놀랍도록 멋진 신세계가 펼쳐질 것이라는 낙관적 전망이 제시되기도 한다. 그러나 현재의 위기 상황에서 우리에게 절실한 것은 인간은 무엇이고, 생명이란 무엇이며, 문학이란 무엇인가에 대한 새로운 개념규정이 요구되고 있다는 사실이다. 문학 텍스트들이 모두 컴퓨터 속으로 사라져가고 있는 오늘 작가란 과연 어떤 존재일까. 이미지와 음악에 지배되는 영상기호가 파급력을 날로 증대시켜 나가고 있는 상황에서 소설가나 시인들 또한 점점 사라져가는 존재가 아닐까 하는 의구심을 떨쳐버릴 수 없을 것이다.

활자매체가 아니라 전자매체가 지배하는 세상 그리고 유일절대의 인간이 아니라 복제된 복수의 인간들과 사이보그 인간들이 활보하는 세상이 된다면 우리는 문학도 인간도 그 의미를 상실한 세계에 진입한 것이라고 판단하게 될 것이다. 밤하늘에 찬란하게 펼쳐지는 불꽃놀이와 더불어 어둠 속으로 사라져가는 불꽃의 파편과 같은 존재가 되고 만다면 인간들은 그들의 삶에서 어떤 의미를 찾을 수 없게 될 것이다.

"대패질을 하는 시간보다 대패 날을 가는 시간이 길다"는 명언을 작가 황순원은 남겼다. 정말 우리가 살아 나가야 할 세상은 대패도 대패질도 필요 없는 세상이 되고 말 것인가. 서정시로부터 출발하여 단편소설로 자신을 단련하고 그리고 마침내 장편소설의 작가로 자신을 심화 확대시켜 20세기 한국문학의 대표적 작가로 우뚝 선 황순원 선생이 수많은 밤 대패질에 공들이던 작가적 고독을 생각한다. 그 고독한 행간에서 작가로서 그의 위대함이 우러나온다. 그리고 고독한 그를 지켜 준 어둔 밤의 별들이 존재 절멸의 위기에 처한 문인들의 가야 할 길을 아직도 비추고 있다고 믿는다. (2000)

2. 다시 황순원 선생님과 소나기 마을을 생각하며

지난 오월 초에 양평 소나기 마을에 다녀왔다. 처음 소나기 마을 개소식에 갔을 때보다 모든 것이 많이 안정되어 있었다. 마당에 심은 잔디도 뿌리 내리고 있었고 갓 옮겨 심은 나무들도 제자리를 지키고 있었다. 소나기 마을 운영도 이제 어느 정도 틀이 안정되어 보였다. 중학생 시절 「소나기」를 읽고 실제로 선생님을 가까이 뵙고 지낸 세월을 돌이켜 보니 생의 시간이란 속절없이 빠르게 지나가는구나 하는 것을 느낄 수 있었다. 소나기마을 기념관을 나와 선생님의 산소를 지나 뒷산으로 한 바퀴 돌아보았다. 오월의 햇빛은 따갑게 내리쪼이고 있었는데 오히려 사물들의 윤곽과 색깔은 뚜렷해 보였다. 보통 문학관의 개념보다는 상당히 큰 부지 면적을 차지하고 있는 소나기마을이 갈수록 메말라가는 국민정서를 함양해 주는 터전으로 새롭게 태어났다는 것은 국민적 자랑이라고 하지 않을 수 없다. 앞으로 이 마을을 방문하고 돌아가는 수많은 청소년 중에서 한국의 미래를 이끌어 나갈 뛰어난 문사가 탄생하기를 바라는 마음이 저절로 생기게 된다.

1981년 봄 경희대학교 교정에서 내가 만난 선생님은 빙긋한 미소를 지닌 말수가 적은 분이었다. 약주가 상당히 진행된 경우에도 다른 사람의 말을 경청할 줄 아는 여유를 지닌 분이기도 했다. 이것이 선생님 주위에 많은 후배 제자들이 따르는 힘이 되지 않았을까. 물론 당신의 말씀이나 행동은 아주 깔끔하고 엄정한 분이었다. '대패날을 가는 시간이 대패날을 쓰는 시간보다 많다'는 것을 일깨워 주신 것은 지금도 나의 문학을 되새겨 보게 하는 말이다.

　최근 『문학사상』 7월호에 발굴된 숭실중학교 재학시절 선생님의 동요와 소설을 읽어 보았다. 그 중에 한 작품을 되풀이 읽어 보았다.

> 보슬비나리면은 물방울맺혀
> 아름다운진주를 만들어내고
> 해가지고달뜨면 고히잠들고
> 별나라여행꿈을 꾸고 있어요

— 「봄싹」 후반부, 『동아일보』(1931.3.26)

　내가 만난 황순원 선생은 60대 후반 고희를 눈앞에 두고 있었는데 중학생 시절의 선생님의 동요를 읽으니 마치 중학생 시절의 황순원을 만난 것 같아서 나로 하여금 유쾌한 미소를 짓게 만들었다. 「소나기」를 처음 읽던 나와 같은 나이의 어린 16세 소년 황순원의 목소리를 동요를 통해 들으니 갑자기 나도 할 말이 많아진다.

　그러나 내가 여기서 하고 싶은 말은 선생님은 지금 중학생 시절에 그러했던 것처럼 아름다운 진주를 만들어내고는 달뜨는 밤에는 별나라 여행을 꿈꾸고 있는 것이 아닐까 하는 것이다. 어쩌면 이 꿈이 「소나기」를 쓰게 만들었고 또 소나기마을을 만들게 하였다고 할 수 있을 것이다. 꿈이 없다면 인간에게서 문학이 발효될 리가 없다. 그리고 국가의 미래를 개척해 나갈 청소년들에게도 희망이 없을 것이다. 소나기마을은 단순한 놀이터가 아니다. 인간의 꿈을 키우고 꿈을 가진 미래의 젊은이들이 더 먼 미래를 꿈꾸고 가꾸어 나가는 꿈을 생산하고 창조하는 곳이다.

황순원 선생님의 소년 같은 해맑은 미소를 돌이켜 본다. 올곧게 문학에 평생을 정진한 선생님이 씨앗을 뿌린 문학의 나무가 아주 큰 그늘을 만들어 후대의 많은 사람들에게 넉넉한 마음의 자리를 지키고 계시는 것 같다.

(2010년 10월 소나기마을)

황순원 선생과 양정길 여사의 문학세계

1. 시의 문맥과 삶

2014년 9월 5일 오후 황순원 선생님의 사모님이 작고했다는 소식이 문자로 날아왔다. 저녁 무렵 읽던 장편 『별과 같이 살다』를 뒤로 미루고 빈소에 갔더니 마침 추석을 전후한 시점이어서 문상객은 많지 않았다. 불과 백수를 몇 달 앞두고 작고하셨다는 것에 대한 애석함을 누군가 나에게 말해 주었다. 1981년부터 7년 동안 황순원 선생님을 모시고 경희대학교에 봉직하고 있을 때 해마다 연말이면 묵은세배를 다니면서 사모님을 만나 뵙곤 했었는데 벌써 30년 넘는 세월이 지나갔다는 것이 무엇보다 실감나지 않았다. 잠시 다시 생각을 정리해 보면 황순원 선생님과 평양의 여학교 시절에 만나 일본 유학을 하고 선생님과 결혼한 사모님 양정길 여사는 황순원의 인간적 동반자이자 문학적 동지로 평생을 함께 살았으며 이를 통해 20세기 한국 문학을 증언하는 역사적 인물이었다고 하겠다.

2014년 9월 12일 오전 양평의 소나기마을에서 있었던 황순원 선생 14주기 추모식에서 다시 양정길 여사의 추모식도 함께 거행되었는데 이날 단편소설 「학」과 함께 시 「잡초」가 낭독되었다. 「잡초」의 낭독을 들으면서 황순원 선생님을 모시고 있을 때 우연히 선생님의 초기작 「강한 여성」이라는 시에 있는 부제 '경애하는 O양에게'에서 혹시 'O양'이 후일 사모님이 된 양정길 여사가 아닌가 하고 질문을 드렸는데 선생님이 빙긋이 천진한 소년의 미소를 지으시면서 그렇다고 하신 일이 떠올랐다. 이 일을 다시 상기해 보니 이런 개인사적 문맥이 고려되지 않는다면 두 편의 시가 이해하기 어려운 부분이 있어 사모님의 타계를 계기로 이를 밝혀 두고자 하는 것이 이 글의 목적이다. 왜냐하면 외견상 두 편의 시 모두 문맥의 통상적 호응에 어려움이 있어 해석상의 문제로 인해 전에 직접 질문을 드렸던 것이니 이번 기회가 아니면 그냥 묻혀 지나갈지도 모른다는 생각이 들었기 때문이다.

2. 「잡초」의 생명력과 동경시대

1915년 평안남도 대동군에서 출생한 황순원은 숭실학교 재학 중이던 1930년부터 동요와 시를 쓰기 시작했으며 1933년 평양 숭의여학교 문예 반장이었던 양정길을 만나 이때부터 교제를 시작했다고 한다. 양정길은 숙천에서 과수원을 경영하여 사과를 중국에 수출하던 양석렬의 장녀였다. 일찍부터 문학에 뜻을 두고 있었으므로 두 사람의 만남은 문학을 통해 앞으로 자신들의 뜻을 펼치고자 하는 결의로 다짐했을 것이다. 1932년 칠월 한여름

풀밭을 보고 쓴 것이라 짐작되는 「잡초」는 18세 황순원의 생에 대한 강한 의지를 담고 있는 시라는 점에서 주목된다.

아직 사람의 손발이 가 닿아보지 못한 광야에
우쭉우쭉 이름 없는 잡초가 돋아난다
옆에 있는 여러 화초를 헤치고
암벽에 부딪치는 격류의 기세를 본받아
잡초가 돋아오른다.

온갖 풀꽃이 고즈넉한 달빛 아래 웃고
벌레와 미풍은 그들을 완상하고 있는데
그 속에 보기 흉한 잡초가 깔려 있다
악센 잎사귀에 매듭진 줄기
그러나 여기에 줄기찬 생명이 숨어 있지 않은가
온 들판을 덮을 큰 힘이 용솟음치지 않은가.

향기로운 꽃 아름다운 풀을
칠색 무지개를 타고 하늘 사람들이 와 따간다면
광야에 돋아난 보기 흉한 잡초는
이곳을 지나는 농부의 손에 꺾이울 것이다
저 늠름한 생명의 기운
저 씩씩한 삶의 리듬.

아 내 마음아, 잠자던 마음아

들판을 거닐자 아직 첫길인 잡초 위를 거닐자

그러다가 새날이 밝아 명랑한 아침이 되거든

잡초를 한 아름 뜯어다 창가에 걸자.

아직껏 사람의 손과 발이 가 닿지 않은 광야에

우쭉우쭉 이름 없는 잡초가 돋아난다

옆에 있는 여러 아름다운 화초를 헤치고

암초에 부딪치는 격류의 기세를 본받아

잡초가 돋아오른다.

─「잡초」, 전문

한여름 광야의 풀밭을 걸으면서 잡초가 강한 생명력으로 자라나는 것을 보고 화자는 시련에 처한 자신의 생명력을 확인하고 있는 것이 이 시이다. 거친 들판을 가득 덮은 잡초의 생명력이야말로 나라를 잃고 앞길이 막막해 의기소침한 상태에서 무엇을 어떻게 해야 할 것인가를 고민하던 자신의 문제를 솟구치는 잡초의 생명력으로 풀어 나가겠다는 결연한 의지가 이 시에 담겨 있다. 연보를 참고해 보지면 1932년은 윤봉길, 이봉창 의사의 의거가 있던 해이며 급박한 국제정세 속에서 황순원은 「젊은이여」, 「가두를 울며 헤매는 자에게」, 「넋 잃은 그의 앞가슴을 향하여」 등의 시편을 연이어 『동광』지에 발표한 해이기도 하다. 이 시기 그의 고민은 민족의 장래는 무엇이며 나의 나갈 길은 무엇인가 하는 것이다. 자기 자신의 생명 의지를 곱게 자란 화초가 아니라 사람의 손과 발이 닿지 않은 버려진 곳에서 격류처럼 용솟음치며 자라고 있는 잡초에 비유해 어떤 시련에도 꺾이지 않을 것임을 화자는 다짐하고 있다.

앞에서 말한 것처럼 2014년 9월 12일 양평의 소나기마을에서 있었던 황순원 선생 14주기 기념식은 양정길 여사의 추모식과 함께 거행되었는데 이 날 소설 「학」과 함께 시 「잡초」가 낭독되었다. 낭독을 들으면서 강한 생명의지를 느끼면서도 다른 한 편으로는 왜 많은 아름다운 시 중에서 하필 이 시를 낭독하게 되었는가 하고 약간 의아심을 갖고 있었는데 집에 돌아와 다시 생각해 보니 황순원 선생님의 초기 시편 중에서 가장 강한 생명력을 표현했기 때문에 이 시를 선택한 것이라 이해하게 되었다. 이 시에서 화자가 말하고 있는 것처럼 곱고 아름다운 화초가 아니라 거친 광야에서 용솟음치는 힘으로 자라나는 잡초의 야성적 생명력이야 말로 식민지하의 젊은 황순원 문학의 원초적 생명력을 말해 주는 것이라 판단되기 때문이다.

「잡초」를 쓴 18세 청년은 바로 다음해 그의 문학적 동지이자 평양 숭의여학교 문예반장이기도 했던 양정길에게 「강한 여성」이란 시를 헌정했다. 이 시의 부제가 '경애하는 O양에게'라고 되어 있는데 이 주인공이 바로 양정길 여사라는 것을 황순원 선생님에게 직접 확인했다는 것은 이미 앞에서 말한 대로이다. 19세 동갑내기 문학 지망생들이 어떤 이야기를 주고받았는지 구체적으로 알 길은 없지만 우리는 이 시를 통해 그 일단을 알 수 있을 것이다.

    자식은 아직 약하나
    그를 기를 어머니는 강하다.

    목에 핏대를 세우고 울던 자식이라도
    어머니의 품에 안기면
    울음을 끊고 머나먼 벌판을 바라보리

여태껏 쌓였던 비애가 환희로 바뀐 듯이
머얼리 지평선 끝 해 돋는 쪽으로 향하리.

그런데 지금까지 아이는 왜 울고 있을까
왜 그토록 설움의 눈물을 흘리고 있을까
아 참 그렇구나
여태 아이는 딴 어머니 밑에 자라고 있었으니.

그렇다 해도, 울지 않을 수 없어 울었다 해도
그래서는 안 된다, 약해서는 안 된다
맨발로 능히 돌자갈 길을 걸을 수 있어야지
그리고 자기를 낳은 친어머니를 찾아나설 수 있어야지.

장차 친어머니와 만날 아들의 기꺼움이여
강한 어머니의 품에 든 자식의 얼굴에는
한없는 희망의 웃음이 떠오르리.

아직 자식은 약하나
그러나 그를 기를 어머니는 강하다.

― 「강한 여성」 전문

    이 시가 무엇을 말하고 있는지는 논리적 중첩으로 인해 얼른 알 수는 없다. 직접적인 표현 또한 문면에 나타나지 않고 있다. 오히려 이 시는 「잡초」와 연결시켜 생각해 보아야 문맥의 정확한 의미가 드러난다. 「잡초」가 어떤 시련에도 꺾이지 않는 잡초의 생명력을 말하고 있다는 점에서 유추해 보면 「강한 여성」은 '딴 어머니 밑에 자라고 있'는 아이가 '친어머니를 찾아 나설 수 있어야 한다'고 해석된다. 갑자기 왜 친어머니 딴 어머니라는 표현이 나왔을까. 다시 말하면 지금 나라를 잃은 민족은 친어머니를 잃은 것과 같은 상황이라고 화자가 마음속으로 설정하고 있기 때문이다. 이를 직접 말하지 않고 우회적으로 말하고 있기 때문에 이 시의 문맥을 해석하는데 있어서 어려움이 발생했던 것이다.

그렇다면 왜 제목을 '강한 여성'이라고 했을까. 아이가 나라를 잃고 딴 어머니 밑에서 자라고 있는 까닭에 그 어머니를 찾아주려는 의지를 가진 여성이라는 뜻에서 선택했던 것이다. 지금 아이는 나라를 잃고 딴 어머니 밑에서 자라고 있다. 지금 울고 있는 아이는 아직 힘이 없다. 장차 그가 자라서 친어머니를 찾기 위해서는 시련과 역경을 이겨 나갈 강한 힘을 길러야 한다. 그런 의미에서 위의 시는 단순한 사랑의 편지라고 읽어서는 안 된다.

여기서 말한 강한 힘은 이성적 사랑 이상의 강한 동지적 힘을 말하고 있다고 보아야 한다. 아이는 나라를 잃고 지금 울고 있다. 그 아이가 친어머니를 찾기 위해서는 강한 힘을 길러야 한다. 문학을 지망하는 두 사람이 굳게 맹세한 내용은 다름 아닌 이러한 이야기였을 것이다. 첫 연과 마지막 연에서 되풀이되는 '그를 기를 어머니는 강하다'는 표현은 모국의 강한 힘을 강조하기 위해서 제시된 것이다. 아이를 빼앗긴 어머니는 그가 약해서가 아니라 아이가 약해서 그렇게 된 것이다. 어머니를 탓하지 마라. 지금 어린 그들이 자라서 힘을 갖게 되면 친어머니를 찾을 수 있다는 확고한 의지를 나타낸 것이 이 시라고 할 수 있다.

전체적으로 이 시에 숨겨진 이야기를 통해 다시 말해 황순원과 양정길 두 문학 지망생이 약속한 것을 말해 본다면, 그것은 강한 아이로 자라나서 친어머니를 찾는 것처럼 나라를 되찾자는 것으로 요약될 수 있을 것이다. 아마도 이는 나라를 되찾기 위해 모국을 떠나 일본 유학을 앞두고 있는 두 사람의 약속으로서는 자연스러운 일이기도 했을 것이다.

3. 황순원 문학과 모성의 영원성

1934년 황순원은 평양 숭실학교를 졸업하고 일본 와세다대학 제2학원에 입학하게 된다. 그는 이해랑, 김동원 등과 동경에서 '동경학생예술좌'를 창립하고 바로 이 단체에서 그의 첫 시집 『방가』를 간행했다. 이 시집의 서문에서 '이 시집은 나의 세상을 향한 첫 부르짖음이다. 나는 이 부르짖음을 보다 더 크게, 힘차게, 또한 깊게 울리게 할 앞날을 가져야 하겠다'고 썼다. 매우 강하고 비장한 선언이라고 할 수 있다. 이 당시만 하더라도 황순원은 자신의 문학적 생애를 시인으로 살아갈 것으로 생각하고 있었을 것이라 짐작된다.

첫 시집을 간행하고 두 달 후인 1935년 1월 황순원은 당시 나고야 금성여자전문학교에 재학 중이던 양정길 여사와 결혼한다. 아마 시집 간행을 전후하여 두 사람은 자신들의 장래는 물론 민족의 미래에 대해서도 뜻을 함께 할 것을 약속했을 것이다. 그 내용은 미루어 짐작하건데 앞에서 말한 시「잡초」나「강한 여성」에서 언급된 것들이었으리라 생각된다. 두 사람의 인간적 공감과 문학적 교감은 백년가약을 맺은 결혼 이후 여러 난관과 시련을 극복하는 원동력이 되었을 것이다. 특히 위에서 거론한 두 편의 시는 상호 연관을 가지고 읽는다면 그 모호한 부분이 잘 해석될 수 있지만 그렇지 않다면 명료하게 해석되기 어려운 부분이 있다. 19세 청년 황순원이 가지고 있었던 문학적 열정과 모국에 대한 뜨거운 애정은 어떻게 보면 시의 형태로밖에 표현할 수 없었던 것일지도 모른다.

그러나 시련은 외부로부터 왔다. 1935년 8월 여름방학을 맞아 귀국한 황순원은 조선총독부의 검열을 피하기 위해 동경에서 시집을 간행했다는 이유로 평양경찰서에 연행되어 29일간 구류당하고 조사를 받았다. 아마 시집의 내용에 시국에 대한 불온한 사상을 표현한 것이 없는가에 대한 조사였을 것이다. 문단적으로 보면 1934년의 카프 2차 검거사건에 이어 1935년은 병석에 누워 있던 임화가 '카프 해산계'를 경기도 경찰부에 제출하여 해산수속을 완료한 시점이라는 점에서 매우 민감한 상황이었다. 황순원이 29일 구류되어 있었다는 것은 당시의 법령에는 특별한 사유 없이 30일 이상 유치장에 구류할 수 없다는 조항 때문이며, 또한 이는 당국에서 별달리 황순원의 범법 사실을 발견하지 못했다는 뜻이기도 했다. 심문과정에서 「강한 여성」과 같은 시에 보이는 '친어머니를 찾아야 한다' 등의 표현은 아마도 집중적인 추궁의 대상이었을 것이다.

유치장 생활 직후인 1935년 10월 15일 『중앙일보』에 「개아미」라는 시를 발표했는데 이 시는 동년 7월에 쓴 것으로 표기되어 있다. 실제로 창작 시기가 그럴 수도 있고 구류생활 동안의 고통스러운 소회도 일부 반영된 작품이라 여겨지는데 그 일부를 인용해 보면 다음과 같다.

여름날, 적은 불개미 한 마리가 길게 늘어 죽은 지렁이 한마리를 물어 뜻고잇다, 큰 소낙비 지난뒤 검은 구름ㅅ새로 어글어글 햇볕이 내려 쪼일때, 낫게 부는 바람이 행결 살ㅅ결에 반가울때.—그럼 죽은 검붉은 지렁이는 언제부터 이곳에

잇섯나, 또 어느새 빩안 개아미 떼들이 이러케 몰려 왓나, 마당에 노힌 판스돌여
페.

  (……)

—개아미
 허리를 동인 몸에 무장을 하고 觸手달린 머리에 투구를 쓴 벌레 자긔몸의 멧
배나되는 지렁이를 끌어가는 삶의 용사. 참말 나는 때로 그들에게 질투와 함께
공포를 느낀다— 이지구껍질에서 사람의 종자가업서지는때 그때에 우리는 이 적
은 벌레한테 물어 띄키우지나 안흘까하고 지금눈알에 지렁이가 당하고 잇는것가
티.

                 —「개아미」일부

 이 산문적인 시에서 화자는 소낙비가 지나간 다음 어글어글한 햇볕 내리
쪼이는 마당에서 죽은 지렁이를 뜯어먹고 있는 개미떼를 발견하고 그들의
탐욕에 공포를 느낀다. 특히 '觸手달린 머리에 투구를 쓴 벌레 자긔몸의 몇
배나되는 지렁이를 끌어가는 삶의 용사'와 같은 표현에서는 일본 제국주의
군대를 연상할 수도 있다. 그의 공포는 '이지구껍질에서 사람의 종자가업서
지는때'를 연상하면서 개미들의 탐욕스러운 욕망이 지구를 멸망시킬 정도
로 무서운 것임을 깨닫는다. 약간 거친 표현들이 눈에 띄지만 일본의 제국
주의적 팽창주의를 강력하게 드러내고 있다는 것은 분명하다. 이와 같은 상
상은 시집 출간을 이유로 그를 심문하는 일본의 경찰에게 하고 싶은 말이기
도 했을 것이다.

유치장 생활 이후 황순원은 모더니즘 계열의 『삼사(三四)문학』의 동인으로 활동하기도 했는데 이 동인지는 1935년 12월에 종간되었다. 1936년 5월 황순원은 제2시집 『골동품』을 간행했는데 이 시집에 수록된 시편들은 뜨거운 열정을 표출한 첫 시집과 달리 사물을 극도로 축약시켜 순간적 기지로 포착한 단순명료한 이미지에 대한 실험의식을 보여주고 있다. 첫 시집에 대한 반작용이자 『삼사문학』이나 『단층』의 실험의식과 관련성이 있는 것이 아닌가 여겨진다.

1937년 중일전쟁이 일어난 시기에 황순원은 공식적인 첫 단편 소설 「거리의 부사」를 발표했는데 이는 시에서 소설로 전환하는 계기가 되었다. 1938년 4월, 후일 시인으로 이름을 크게 알린 장남 동규가 출생했는데 이 또한 가장으로서 한 가족을 부양하면서 작가로서 세상을 살아가야 하는 본격적인 출발점이 된다. 어떻든 이 모든 이야기들은 황순원과 양정길이라는 두 문학 지망생의 인연의 시작을 알리는 서막일 뿐이다. 1945년의 광복 그리고 분단이라는 역사의 격변 그리고 6·25 전쟁과 피난민 생활 등 20세기 한국현대사의 모든 파란곡절을 두 분은 함께 했으며, 다시 1999년의 황순원 선생의 별세와 2014년 양정길 여사의 작고는 20세기 한국문학사의 커다란 획을 긋는 만남이라는 점에서 기념비적이라고 하지 않을 수 없다. 돌이켜 보면 작가 황순원의 모든 문학적 위업은 양정길 여사의 모성적 껴안음이 없었다면 불가능한 일이었을 것이다. 황순원 선생의 별세 후에도 동갑내기 배우자 양정길 여사는 작고 당시까지 여일하게 '아이는 약하지만 그를 기를 어머니는 강하다.' 구절처럼 황순원 선생의 문학을 지킨 든든한 버팀목이기도 했기 때문이다.(2014)

인간 황순원과의 가상 대담

　필자는 1981년 3월 하순 경희대학교 문리대 교수실에서 당시 국문학과 교수이던 서정범 선생님의 소개로 처음 황순원 선생님을 만났다. 황순원 선생님은 당시 현직에서 물러나시고 명예교수로 계셨는데 특유한 소년과 같은 미소로 말씀하시던 것이 기억에 새롭다.
　경희대학교에서의 황순원 선생님과의 인연은 필자에게 귀한 체험이자 커다란 자산이 되었다. 그 후 경희대학교에서 7년 동안 재직하면서 선생님을 모시고 문학과 인생에 대해 많은 것을 배웠다. 언제나 가벼운 미소를 잃지 않는 선생님의 모습은 지금도 필자에게 생생한 모습으로 남아 있다. 이미 황순원 선생의 인간적 모습에 대해서는 두 차례 글을 쓴 바 있지만 필자가 만났던 몇 분의 회고를 통해 그 인간적인 모습을 재구성하는 것도 의미 있는 일이라 생각되어 그분들이 쓴 글을 토대로 만남의 자리를 구성해 보았다.

가상대담 1 서정주, 김용성, 전상국

최동호 : 선생님 안녕하십니까? 생전에 몇 차례 만나 뵈었지만 특별하게 개인적 대화를 나눈 적은 없는 것 같습니다. 혹시 선생님께서 떠올리시는 황순원 선생님의 인간적인 모습을 알고 싶어 말씀을 드리게 되었습니다. 우선 황순원 선생님과는 어떻게 만나게 되셨습니까?

서정주 : 내 친구 황순원과 내가 서로 벗이 된 지는 아직 반백년이 채 다 못 된 사이고, 또 늘 자주 만나고 지내온 그 소위 밀착되어 온 사이도 아니지만, 그 시종일관 해온 배신 없던 심우(心友)로서 곰곰이 회고해 보자면 이런 친구는 내 일생에서도 아주 드물다고 할 수 있습니다. 공자가어(孔子家語)에 보이는 <난초 있는 방안에서의 난초꽃과의 사귐>처럼 은은히만 가까운 그런 친구의 정을 느끼게 해주는 사람, 그가 바로 황순원입니다.

최동호 : 6·25 후에도 지속적인 만남이 있었을 것이라 생각합니다. 폐허가 된 서울에 돌아온 문인들에게 어떤 일들이 있었는지 알고 싶습니다.

서정주 : 휴전협정이라는 것이 1953년 7월에 이루어져서 다시 서울로 돌아와 보니 서울이라는 곳은 문자 그대로 무너진 폐허여서, 위선 그 변화하

던 명동(明洞)만 하더라도 폭격으로 쓰러진 집들 사이마다 천막을 친 막걸리 장사들이 겨우 살아 있는 숨결을 유지하고 있을 정도였습니다.

그런데 기적 같이도 단 한 채 안 헐리고 남은 <명천옥(明泉屋)>이란 이름의 2층 국밥집이 있었으니, 이것이 바로 서울 귀환 뒤의 우리들 술꾼 문인(文人)들의 여러 해 동안의 <아지트>가 되어 주었습니다.

거의 매일같이 저녁때만 되면 여기 모여든 문인 중에는 김동리(金東里), 황순원과 나를 비롯해서 젊은 층으로는 정한모(鄭漢模) 등이 판을 치고 있었는데, 그 모두가 다 빈털터리들이라 누가 하나 나서서 술과 음식을 사는 일은 절대로 없고, 각자의 호주머니들을 깨끗이 훑어내어 주식회사라는 걸 만들어서 그 합자된 걸로 겨우 그 값을 지불할밖에 없었고, 이 돈을 거두어서 지불하는 회계의 일은 김동리가 언제나 솔선해서 실행했었으며, 황순원은 거의 아무 말도 없이 빙그레한 미소로 술을 받아 마시는 일에만 기울어져 있었던 것으로 기억됩니다.

최동호 : 지금 말씀하신 것처럼 깊은 인간적인 만남이 있었는데 혹시 다른 일들은 없으셨나요. 좀 더 개인적이고 가족적인 이야기 말입니다.

서정주 : 이런 황순원을 좋아하다 보니, 1950년대 후반기에는 문학청년인 그의 큰 아들 동규(東奎)의 시작품들도 주목해서 읽어보게도 되어, 1958년에는 그를 문학잡지 『현대문학』에 신진시인으로 추천하게도 되었고, 또 그 다음해에는 내 큰아들 승해(升海)의 소설을 순원이 같은 잡지에 추천하게도 되었고, 이어서 승해의 결혼식의 주례를 그가 맡아보게도 되었고, 그리고 또 한 세월이 지낸 뒤에 그 순원의 아버지께서 별세하셨을 때에는 그분의 무덤 앞에 세워 드린 묘비(墓碑)의 비문도 내가 그 글을 짓고 졸필로 글

씨까지 써서 만들어 드리기도 했습니다.

최동호 : 아버님 묘비에 비문을 쓸 정도라면 보통의 인연은 아닌 것 같습니다. 당시 문단도 매우 복잡한 인간관계를 형성하고 있었던 것 같은데 이와 관련하여 전체적으로 선생님께 가지고 계신 황순원 선생님의 인상은 어떤 것이었습니까.

서정주 : 1975년 정월이든가, 한국문인협회의 회장선거 때 X군이 두 번쨘가 세 번째로 연임하려는 것을 순원과 내가 새로 출마한 조연현(趙演鉉) 군의 편을 들어 지지하는 인쇄물을 찍어 돌려서 1백 표 쯤의 차이로 이기게 해준 일은 있지만, 나는 그래도 이 단체의 회장을 한 임기 동안이나마 맡아 했었는데도, 그는 그 한 임기도 자기를 내세우는 일이 없기만 했던 사람입니다.

이런 순원인지라, 그를 생각하고 있으면 나는 어느덧 우리나라의 순수한 옛 선비들이 입고 지내던 그 흰빛의 수수한 무명도포를 연상하는 버릇이 있어요. 그를 이렇게 생각하는 것은 그렇게는 달가운 일이기 때문이지요.

최동호 : 그렇습니다. 선생님 말씀 중에 '옛 선비의 그 흰빛의 수수한 무명도포'를 연상하신다는 말이 황순원 선생님을 그대로 집약시킨 것이 아닌가 합니다. 다음은 김용성 선생의 이야기로 넘어가 볼까요. 우선 김 선생님은 황순원 선생님을 어떻게 만나셨지요?

김용성 : 황순원 선생님을 처음 뵌 것은 대학 2학년이 되던 1961년 3월 말께였습니다. 전년에 내가 투고했던 장편소설 『잃은 자와 찾은 자』가 당선

되었다는 통지를 한국일보사로부터 받고 난 직후였습니다. 시상식하기에 앞서 심사위원님 중에 한 분이였던 선생님께 인사드리기 위해서였지요. 그때 심사위원님으로는 선생님 외에도 주요섭·박화성·최정희·박영준 등 쟁쟁한 선생님들이 계셨지만, 유독 선생님만을 먼저 뵈러 간 것은 선생님께서 심사평을 통해 내 작품에 대해 가장 애정 어린 말씀을 해주셨다고 생각했기 때문이었습니다. 햇수로 35년 전 일이라 기억됩니다.

그 이듬해 나는 선생님의 문하에서 소설공부를 하고 싶다는 일념에서 선생님께 전학할 뜻을 간곡히 말씀드렸고 선생님의 배려에 힘입어 다니고 있던 국제대학에서 경희대학교로 학교를 옮길 수 있었습니다. 그러나 선생님께서는 국문과에 계셨고 나는 영문과에서 공부를 했었기 때문에 선생님을 가까이서 자주 뵈올 수 없어 몹시 안타까워했던 기억이 납니다.

최동호 : 그러니까 황순원 선생님의 심사로 당시로서는 파격적인 상금을 내건 장편소설 현상모집으로 문단에 등단하셨고, 대학도 경희대학교로 옮겨 소설을 공부하게 되었다는 이야기로군요. 혹시 다른 일도 생각나시는 것이 있나요.

김용성 : 경희대 국문과 출신의 젊은 작가, 시인, 비평가, 언론출판인들이 중심이 되어 일 년에 네댓 차례 선생님을 모시는 모임이 있습니다. 80년대 중반을 넘기고 있던 무렵인데 모임 끝에 2차로 생맥주집에 들렀을 때였습니다. 결혼 날짜를 받아놓은 박덕규 군이 선생님을 주례로 모시고자 말씀을 드렸다가 뜻밖에 설 수 없다는 말씀을 듣고 몹시 실망했습니다. 고희를 넘기신 선생님께서 이제 주례는 그만 서야겠다고 결심을 하신 것입니다. 여러 제자들이 나서서 간곡히 말씀을 드렸으나 한번 세우신 뜻을 꺾을 수는

없었지요. 결국 주례는 그때까지도 한 번도 주례를 서보지 않았던 내게로 넘어오게 되었는데 이유인즉 선생님께서 내 결혼식 때 주례를 서주셨으니 내가 주례를 서면 박덕규 군 결혼식 주례는 선생님께서 주례를 서신 것과 같다는 기묘한 논리를 모두들 피셨고 선생님께서도 그것 괜찮겠다고 인정을 하셨기 때문이었습니다. 그처럼 선생님은 연세를 잡수시면서 당신이 하실 일에도 엄격하게 한정을 지으셨던 것으로 기억됩니다.

최동호 : 경희대 국문과 출신의 젊은 작가, 시인, 비평가, 언론출판인들이 중심이 되어 일 년에 네댓 차례 선생님을 모시는 모임이 있었지요.

김용성 : 이 모임이 상례화된 것은 1980년대 중반이었고 그때 선생님은 여의도에 사셨습니다. 그때는 후배들이 잘 모이던 마포에도 자주 오셨고요, 이후 안양, 청량리를 거쳐 사당동으로 이사하시는 동안 내내 이어졌습니다. 제자들이 선생님 좋아하시는 보신탕으로 모시겠다는 생각을 해서 선생님 댁 근처의 보신탕집을 찾아내곤 했지요. 새로운 보신탕집에 모실 때는 선생님의 미각으로 평가를 받았지요. 이 모임은 어쩌다 보니 제가 중간 좌장이 되어 돌아가실 때까지 함께 하게 됐습니다. 모이면 작품 얘기보다는 주로 세상 돌아가는 얘기나 선생님이 좋아하시는 축구 얘기 같은 걸 했어요. 우리들에게는 선생님을 모시고 함께 하는 그 시간이 무슨 축제 같다는 느낌이 들었어요. 선생님 연세 70대 중반부터는 더더욱 그랬어요. 우리에게 이런 소중한 시간이 다시 올 수 있을까 이런 생각을 했어요. 돌아가시고 나서야 선생님께 작품 얘기를 좀 더 물어볼 걸 하고 아쉬워했습니다. 선생님이 제 결혼 주례이기도 한데, 저와 주례 인연을 맺은 후배 박덕규 작가가 이 모임에 대해 이렇게 썼어요. "김용성 작가와 '스승 황순원 작가와 함께 하는 모

임'을 같이한 일은 아마도 사후에라도 잊지 못할 추억과 자긍이 되지 않을까 한다."

최동호 : 사제가 함께 하는 자리가 추억을 넘어 '자긍'이 된다는 말이 인상적입니다. 김용성 선생님은 영문과이고, 전상국 선생님은 국문학과였는데 전상국 선생님 또한 황순원 선생님과 특별한 사제간의 학연이 있었으리라 믿습니다.

전상국 : 저는 60년에 입학하여 63년 겨울에 경희대학교를 졸업했습니다. 입학해서 선생님의 첫 인상은 내가 읽은 작품과 그 작가가 일치한다는 안도감이었습니다. 그리고 선생님의 그 인자하시면서도 때로는 날카롭게 느껴지는 그 혜안이 인상적이었습니다. 대학시절 제가 처음 써서 보인 습작 원고를 며칠간 두고두고 읽고 틀린 것은 일일이 연필로 교정해 돌려주시던 그 철저함을 잊을 수가 없습니다.

최동호 : 선생님을 가깝게 술자리에 모실 때 술과 관련된 무슨 이야기가 없을까요. 좀 더 인간적인 모습이 드러나는 이야기 말입니다.

전상국 : 선생님은 술을 아무리 많이 드셔도 허튼 말씀 한마디, 몸가짐 하나 흐트러짐이 없으셨습니다. 그리하여 취중의 선생님에게 평소 볼 수 없는 선생님의 다른 면을 보고 싶어 하는 우리들의 기대는 늘 빗나가곤 했습니다. 그렇다고 선생님이 술자리에서 엄격하다는 뜻은 결코 아니고 오히려 선생님이 함께 하는 술자리는 그 어느 자리보다 부드럽고 재미가 있습니다. 선생님은 아무리 젊은 제자들이 하는 술자리의 농담에도 기꺼이 동참하시

기 때문입니다. 그러나 술자리란 예로부터 그 자리에 없는 사람을 안주로 꺼내놓고 씹는 맛도 있는 법인데, 선생님은 그 정도가 심하다 싶으면 거침없이 제동을 거십니다.

"남의 얘기, 특히 살아 있는 사람의 얘기는 되도록 안 하는 게 좋아."

작가는 남의 이야기가 아니라 자신의 실수, 자신의 이야기를 할 줄 알아야 참다운 작가라고 곁들여 말씀하셨던 것이 특히 기억납니다.

최동호 : 네, 그 이야기에서 황 선생님의 인간적 금도라고 할까 작가적 자세라고 할까 어떤 엄숙성이 느껴집니다. 문단의 술자리라는 것이 늘 남의 이야기를 하는 것이 통례인데 그것을 자제하고 계셨다는 특별한 예일 것입니다. 좀 더 인간적이 측면에서 혹시 사모님과 일 중에서 기억나는 것이 없을까요.

전상국 : '대패질을 하는 시간보다 대팻날을 가는 시간이 더 길 수도 있다.'

당신의 이 말씀처럼 선생님은 마지막 시간까지도 인생의 대팻날을 갈고 계셨습니다. 절제된 그 소설문장처럼 선생님의 삶은 자제와 연마의 미학으로 빚어지고 정리되어 왔던 것입니다. 숭의여고 문예반장이었던 동갑의 여학생과 사귐을 가져 맺어진 뒤 60년 동안 그야말로 두 분이 동고동락하신 그 세월 자체가 대팻날을 가는 시간이었던 것 같습니다. 십수 년 전 선생님 내외분이 어느 모임에서 왈츠를 추시는 걸 본 적 있는데 그때의 두 분 모습이야말로 정말 아름답게 보였습니다. 부드러우면서도 때로는 단호하게 날이 서는 선생님의 혜안은 사물의 핵심을 꿰뚫어 작품의 깊숙한 뒤쪽에 감추는 철학이며 동시에 진짜 아름다움의 본질에 닿는 심미안이라고 저는 생각하고 있습니다.

최동호 : 아주 인간적인 모습이라 느껴집니다. 황순원 선생님의 소설 속의 주인공을 만나는 느낌이 듭니다. 저도 작품을 쓸 때 대패질하는 시간보다 대팻날을 가는 시간을 자주 생각하게 됩니다.

* 위의 대담은 다음 문건을 참조하여 작성한 것입니다.
서정주, 「내 일생에 아주 드문 사람」, 『작가세계』, 1995년 봄.
김용성, 「보신탕집 하수구는 막히지 않는다」, 『작가세계』, 1995년 봄.
전상국, 「문학과 더불어 한평생」, 대학주보, 1980.9.15
──, 「부드러움과 단호함」, 『작가세계』, 1995년 봄.

가상대담 2   김종회, 박덕규, 장현숙

최동호 : 김종회 선생은 내가 황순원 선생님을 뵙고 한 달 쯤 후에 경희대 문리대 교수실에서 처음 황순원 선생님의 소개로 만나게 되었지요. 아마 그때가 군대서 제대하고 막 복학했을 때라고 기억합니다만. 황 선생님이 석사논문 지도 교수였던 것으로 기억되는데 특별히 개인적인 가르침이 있었나요?

김종회 : 제가 석사학위 논문으로 「황순원 소설의 작중인물 연구」를 쓰

고 심사를 받을 때, 마침 선생님께서 그 심사위원장이셨습니다. 심사가 끝난 후 제가 논문 외적인 문제로 하나의 질문을 드렸었지요. 인철의 가문과 같이 백정의 후대이지만 완전히 신분상승을 이룩한 경우에도 그 전대의 굴레가 그렇게 치명적이겠느냐는 것이었습니다.

저로서는 조심스럽고 어려웠던 질문에 비해 선생님은 쉬운 말로 대답하셨습니다. 작가로서 독자의 질문에는 대답하지 않는 것을 원칙으로 하고 있으되 '김 군'의 질문에 특별히 답한다고 전제하신 연후에, 신분상승이 이루어졌으므로 오히려 전대의 신분이 문제될 수 있는 것이라고 말씀하셨어요. 저는 그 간단한 답변에 쉽게 승복할 수 있었습니다.

선생님은 장편 『일월』을 쓰기 위하여 진주의 형평사운동을 비롯, 광범위하게 자료조사를 한 것으로 알려져 있으며 언젠가 저를 포함한 제자들이 있는 자리에서 "작가는 조사한 자료 모두를 소설로 쓰지 않고 오히려 더 많은 분량을 그대로 묵혀두는 경우가 많다"는 자못 의미심장한 말씀을 들려준 적이 있습니다. 『일월』은 그 제목의 설정에도 하나의 모범이 되어, 인간의 의지와는 관계없이 경과하는 세월을 뜻하는가 하면, 해와 달이 영원히 함께할 수 없음을 통해 어떤 근원적 괴리감을 표상하는 것으로도 보입니다. 선생님은 이 제목의 설정 사유에 대한 질문에는 저 이름 있는 이백의 「답산중인(答山中人)」에서처럼 웃고 대답하지 않으셨어요.

최동호 : 선생님을 오래 모셨는데 거기에는 학문적·인간적 존경의 마음이 깊이 내재해 있을 것으로 생각되며 선생님도 각별한 애정을 보여주셨습니다. 황 선생님이 일제 말 홀로 발표할 길 없는 작품을 쓰던 당시의 이야기를 들려주신 적은 없나요?

김종회 : 선생님의 두 번째 단편집 『기러기』가 출간된 것은 1951년이지만 거기에 실린 작품들의 생산연대는 1940년에서 해방 직전까지의 기간이었습니다. 「별」과 「그늘」 두 편을 제외한 나머지 열세 편은 1941년 태평양 전쟁 발발 이후 일제의 한글 말살 정책으로 발표되지도 못하고 '그냥 되는 대로 석유 상자 밑이나 다락구석에 틀어박혀 있을 수밖에 없었던' 것인데, 선생님은 평양 기림리에서 술상을 가운데 놓고 유일한 친구였던 원응서 선생님에게 자신의 작품을 낭독해주곤 했답니다. 말하자면 당시의 유일한 독자가 되었던 셈이지요.

황순원 선생님의 문학은 인간의 정신적 아름다움과 순수성, 인간의 고귀함과 존엄성을 존중하는 바탕 위에서 출발했고 이를 흔들림 없이 끝까지 지키셨습니다. 선생님께서 일제하에서 침묵을 지키면서도 다수의 독자들에게 읽혀지지도 또 출간되지도 않는 작품을 은밀하게 쓰면서 모국어를 지킨 일도 이러한 상황과 무관하지 않을 겁니다. 언젠가 춘원 이광수에게 작품을 보냈더니, 큰 격려의 말과 함께 앞으로는 국어, 즉 일본어로 글을 쓰라고 하면서 말미에 향산광랑(香山光郞)이라 적었더라고 들려주신 적이 있습니다.

최동호 : 네. 황 선생님의 초기 창작 과정을 알 수 있는 흥미로운 자료입니다. 백아와 종자기의 고사도 생각납니다. 선생님의 문학을 전체적으로 보자면 어떻다고 평가할 수 있을까요?

김종회 : 오랫동안 글을 써온 작가라고 해서 반드시 훌륭한 작품을 남기는 것은 아닙니다. 그러나 작품의 제작에 지속적 시간이 공여된 문학은 그렇지 않은 경우에 비추어 더 넓고 깊은 세계를 이룰 가능성을 갖고 있다고 봅니다. 해방 70년을 넘긴 우리 문단에 명멸한 많은 작가들이 있었지만, 평

생을 문학과 함께 해왔고 그 결과로 노년에 이른 원숙한 세계관을 작품으로 형상화할 시간적 간격을 획득한 작가는 그리 많지 않았습니다.

황순원 선생님이 우리에게 소중한 작가인 것은 시대적 난류 속에서 흔들림 없이 온전한 문학의 자리를 지키면서 일정한 수준 이상의 순수한 문학성을 가꾸어왔고, 그러한 세월의 경과 또는 중량이 작품 속에서 느껴지고 있다는 점과 긴밀한 상관이 있습니다. 장편소설로 만조(滿潮)를 이룬 황순원 문학을 거슬러 올라가 보면, 시에서 출발하여 단편소설의 세계를 거쳐 온 확대 변화의 과정을 볼 수 있습니다. 그 소설 가운데 움직이고 있는 인물들이나 구성 기법 및 주제의식도 작품 활동의 후기로 오면서 점차 다각화, 다변화되는 경향을 보입니다.

여러 주인공의 등장, 그물망처럼 얼기설기한 이야기의 진행, 세계를 바라보는 다원적인 시각과 인식 등이 그에 대한 증빙이 될 수 있겠습니다. 그러나 그 다각화는 견고한 조직성을 동반하고 있으며, 작품 내부의 여러 요소들이 직조물의 정교한 이음매처럼 짜여서 한 편의 소설을 생산하는 데 이릅니다.

이러한 창작 방법의 변화는 한 단면으로 전체의 면모를 제시하는 제유법적 기교로부터 전면적인 작품의 의미망을 통하여 삶의 진실을 부각시키는 총체적 안목에 도달하는 과정을 드러냅니다. 단편 문학에서 장편 문학을 향하여 나아가는 이러한 독특한 경향이 한 사람의 작가에게서 순차적으로 진행되고 있음은 보기 드문 경우이며, 그 시간상의 전말이 한국 현대 문학사와 함께 했음을 감안할 때 우리는 황순원 소설 미학을 통해 우리 문학이 마련하고 있는 하나의 독창적 성과를 확인할 수 있을 것입니다.

최동호 : 작품 세계를 이해하는 데 많은 도움이 되는 이야기라고 생각합

니다. 김종회 선생은 양평의 소나기 마을을 조성하는 데 큰 역할을 했고 이와 관련된 많은 이야기가 있을 것으로 생각됩니다.

김종회 : 생전의 선생님께 '황순원 문학상,' 곧 기념사업과 관련된 말씀을 드렸다가 호되게 혼난 적이 있습니다. "나보고 죽으란 말이야?" 하고 강력한 어조로 반문하셨습니다. 선생님께서는 기념사업은, 특히 문학상은 사후에 하는 것으로 생각하고 계셨습니다.

선생님께서 유명을 달리하신 3년 후, 2003년에 황순원 기념사업을 발의했습니다. 선생님께서 23년 6개월을 봉직하시면서 많은 제자들을 길러내시고, 또 104편의 단편 중 3분의 2와 장편 7편 중 4편을 집필하신 경희대학교, 그리고 '국민단편' 소나기의 무대인 경기도 양평군이 자매결연을 하고, 함께 '소나기마을건립추진위원회'를 구성했습니다.

그로부터 3년간의 콘텐츠 연구와 3년간의 시공 기간을 거쳐 2009년 6월 13일 개장을 했지요. 지금은 한국의 문학 테마파크를 대표하는 명승지로, 국내에서 가장 많은 유료 입장객이 찾아오는 문학마을이요, 문화공간이 되었습니다.

최동호 : 김종회 선생은 소나기 마을을 조성하는데 누구보다 앞장서서 정말 많은 고생을 했다고 생각합니다. 물론 이는 개인의 노력만이 아니라 전 경희대 제자들이 힘을 합한 결과가 아닌가 합니다. 이런 모습이 다른 여타의 대학의 제자들과 다른 경희인들의 참 모습일 것입니다. 황순원 선생님과의 인간적인 만남을 마무리하기 전에 박덕규 선생 또한 황순원 선생님이라면 해야 할 이야기가 많이 있을 것으로 생각합니다. 황 선생님이 제자들 작품을 당선 안 시키기로 유명했다는 얘기가 있는데 이건 무슨 얘기인가요?

박덕규 : 널리 알려진 유명한 얘기인데요. 같은 과 K선배의 작품이 황 선생님의 심사위원인 신춘문예에 최종심에 오른 적이 있었지요. 상대 심사위원인 홍성원 작가가 K선배의 작품을 당선작으로 하자고 밀었어요. 그런데 황 선생님께서 '아직 미숙하다'며 그 작품을 제외시키신 거지요. 홍 작가로서도 대선배가 그러는데 강력하게 주장할 수 없었고요. K선배는 몇 년 각고의 노력 끝에 다른 신문으로 당선돼 등단합니다. 또 다른 여성 K선배 일은 최근 알았는데요. 이분은 황 선생님의 심사로 신춘문예 당선을 했어요. 다른 제자들이 가서 이 사실 얘기를 했더니 황 선생님이 그제야 무슨 큰 실수라도 하셨다는 듯이 그 선배가 낸 과제물의 글씨체를 확인해 보시고 당혹해하시더라는 겁니다. 우리는 당시 황 선생님이 심사하는 신춘문예는 투고 안 한다는 얘기들을 하곤 했지요. 당선권에 올라간다는 보장도 없으면서 말이지요. 어떻든 이런 풍토가 있었기 때문에 한때 선생인 심사위원이 제자를 당선시켰다는 얘기를 듣기만 하면 '그래서 될 말인가!' 하고 흥분하는 호기를 부릴 수 있었어요. 그런 젊음을 있게 한 것도 황 선생님 덕분이 아닌가 합니다.

최동호 : 황 선생님 하면 섬세한 문장력으로 손꼽힙니다. 박 선생은 그런 문장을 직접 배운 사람입니다. 어떤 것을 배우고 느꼈는지 궁금합니다.

박덕규 : 제가 띄어쓰기, 맞춤법은 물론이고 마침표, 쉼표 등등 구두점에까지 신경 쓰는 습관이 있는데 이건 황 선생님하고 관련이 깊습니다. 이 말씀은 제 글이 그처럼 정확한가 아닌가 하고는 상관없지만요. 어떻든 저는 그걸 하나하나 따지며 글을 쓰고 있고 다른 사람 글도 그런 걸 꼬집으며 보

곧 합니다. 황 선생님은 소설 문장 하나하나를 시의 한 구절 한 글자로 생각하셨던 것 같아요. 이게 말이 그렇지 사실 뜻대로 잘 안 되잖아요. 대학, 대학원까지 제가 학교에서만 6년을 배웠으니 6년 내내 그런 가르침 아래 있었다고 할 수 있습니다. 황 선생님은 좀 단순해 보일 정도로 그런 걸 강조하셨어요. 제가 대학 4학년 때 여의도의 선생님 댁에 불려간 일이 있었습니다. 문학과지성사 판 전집을 내시면서 예전 작품을 일일이 교정을 보시고 계셨어요. 『별과 같이 살다』라는 장편의 주인공 곰녀가 제 고향인 대구 근교 출신이었는데, 바로 제가 구사하는 사투리를 확인해서 교정에 참조하려는 거였죠. 사투리가 나오는 부분에서 제게 발음을 시켜보고 교정을 보셨어요. 황순원이라는 대가가 자신의 작품을 어떻게 교정하는지 직접 확인할 수 있었죠. 황 선생님 작품은 동년배는 말할 것도 없고 빼어난 후배 작가들에 비해서도 문장의 완결성 면에서 훨씬 정확하다는 것을 작품을 읽을 때마다 느낍니다. 글자 하나하나까지 신경을 쓰면서 창작을 하고 또 그걸 책을 내면서 반드시 스스로 고치신 결과인 거죠. 저는 요즘도 황 선생님 작품에서 황 선생님의 숨결 같은 걸 느낍니다.

최동호 : 참으로 중요한 가르침을 주셨군요. 후배 문인들이 꼭 새겨들었으면 합니다. 황 선생님은 먼저 시인으로 등단을 했고 시집 두 권을 소설집보다 먼저 내셨는데요. 물론 황 선생님은 소설에서 탁월한 업적을 남긴 분인데, 박 선생처럼 다장르 문학을 하는 것에 대해 어떻게 생각하셨는지 궁금한데요.

박덕규 : 황 선생님은 등단한 제자들에게 작가, 시인 등의 호칭을 즐겨 붙여 주셨어요. 지금 생각하니 이런 습관도 배워서 저도 그러고 있는 듯합

니다. 제가 시인으로 등단을 하고 나니 시인으로 불러주셨고, 평론가가 되어 대학원에 다닐 때는 '박 평론가' 이런 식으로 부르시면서 강의 시간에 다른 분 작품 평가할 기회를 많이 주셨어요. 제가 좀 시건방지게 한참 선배 작가의 작품에 대해 지나치게 평가를 했는데 뒤풀이 자리에 가서 잘 했다며 칭찬해 주시더라구요. 그 당시 제가 시인, 평론가 이 둘만 가지고 있는데도 '한우물만 파라'는 주변 분위기가 없지 않았는데요, 선생님께서는 그럴 것 없이 할 수 있는 만큼 하라고 해주셨지요. 황 선생님 작품 중에 「아버지」라는 자전적인 작품이 있습니다. 남자가 늙어가면서 아름다울 수 있다고 느낀 사람이 둘 있는데 그 한 분은 남강 이승훈 선생이고 또 한 분은 아버지라고 얘기가 나옵니다. 제게 황 선생님은 연로해지셔도 아름다움을 잃지 않은 분으로 남아 있습니다.

최동호 : 장현숙 교수도 황 선생님과 특별한 인연이 있지요. 장현숙 선생은 「황순원 소설연구」로 박사학위를 받았고 「황순원 문학연구」로 저서를 발간하였으며, 편저 「황순원 다시 읽기」를 간행하였다고 알고 있습니다.

장현숙 : 황순원 선생님은 작품 속에서 생명존엄사상을 기반으로 모성애의 절대성, 애정의 영원성, 자유 지향성을 추구하고 있습니다. 특히 작가는 끊임없이 역사와 현실을 응시하면서 이들을 그의 작품 속에 내면화시키려고 노력했던 작가입니다.

황 선생님은 일제치하에서는 언제 빛을 볼지 모르는 작품들을 몰래 써가며, 잃어져가는 한국적인 얼과 정신과 호흡을 찾기 위해 노력했던 작가로서 민족의식이 투철했던 분이셨습니다. 대표적으로 「별」, 「독짓는 늙은이」, 「눈」, 「그늘」 등에서 작가의 민족정신을 살펴볼 수 있습니다. 또한 해방 후에도 선생님은 역사와 사회에 대한 역사인식을 배면에 깔면서 이상주의, 영원주의로 지향해 나아갔는데 장편 『별과 같이 살다』, 『목넘이마을의 개』, 『곡예사』, 『카인의 후예』, 『인간접목』, 『나무들 비탈에 서다』, 『일월』, 『움직이는 성』, 『신들의 주사위』 등의 작품을 통하여 살펴볼 수 있습니다. 동시에 선생님은 현실 속에서 안주하지 않고 특정한 이즘과 형식에 구애받지 않고 끊임없이 틀에서 벗어나 새로움을 창조하고 실험했던 개성적인 작가입니다. 이러한 사실은 단편집 『탈』에서 잘 드러나고 있습니다. 「탈」, 「차라리 내 목을」, 「막은 내렸는데」, 「숫자풀이」, 「이날의 지각」 등의 작품에서 발견할 수 있습니다.

따라서 우리는 선생님이 구사한 이미지의 상징화와 감각적인 묘사, 인간 내면심리를 묘사하는 특이한 기법, 부사의 교묘한 활용, 시점의 혼용 등을 통하여 예술정신의 자유로움과 실험적인 창조를 향해 나아갔던 개성적인 작가임을 간과해서는 안 된다고 봅니다.

최동호 : 황순원 선생님의 작품을 이해하는 데 도움이 되는 이야기인 것 같습니다. 이와 관련하여 최근 「황순원 다시 읽기」를 간행한 동기와 대표작품에 대해 생각하는 바를 설명해주시지요.

장현숙 : 중학교 교과서에 「소나기」가 실리면서 독자들에게 「소나기」는 황순원의 대표작으로 인식되었습니다. 그래서 '소나기 마을'도 조성되었습니다. 작가는 전쟁 중에 삶이 고달파 소년 소녀의 풋사랑을 순수하게 그려보고 싶었다고 술회한 바 있습니다. 물론 「소나기」는 순수한 사랑과 아름다운 서정이 녹아 있는 작품이기는 하지만, 과연 황순원의 대표작이라 할 수 있을까에 대해서 저는 회의적입니다. 왜냐하면 황순원의 민족정신이 반영

된 「별」, 「독짓는 늙은이」, 「눈」 뿐만 아니라 이데올로기의 갈등을 우정으로 뛰어넘는 「학」, 그리고 전쟁의 상처와 아픔, 이데올로기의 갈등을 생명 존엄성과 화해와 사랑으로 포용하고 있는 작품 「모든 영광은」 등 황순원 문학의 특질을 반영한 우수한 작품들이 많기 때문입니다.

어느 날 선생님은 저에게 당혹스럽다는 듯이 "「소나기」가 내 대표작이 되어버렸어"라고 웃으시며 말씀하셨습니다. 바로 이 점이 제가 「황순원 다시 읽기」를 편찬하여 각 단편마다 해설을 붙이게 된 동기가 되었습니다. 황순원의 문학적 특질과 민족정신, 실험성, 개성을 잘 드러내면서 형상화가 잘된 작품들을 발췌하여 황순원의 진면목을 보여줄 수 있는 작품으로 선별하였습니다.

최동호 : 장현숙 선생도 제자로 황순원 선생님을 개인적으로 가까이 모셨던 것으로 압니다. 선생님의 삶이나 생애와 관련된 장 선생이 경험하신 일 중에서 개인적으로 생각나는 일화가 있거나 남기고 싶은 이야기가 있으면 말씀하시지요.

장현숙 : 제가 오랜 각고 끝에 박사학위 논문을 써서 선생님께 드리러 갔을 때 일입니다. 제 나름대로 열심히 쓴 논문이라 칭찬을 들을 줄 알았습니다. 그런데 선생님께서는 「소나기」에 대한 각주를 보시고 화를 버럭 내셨습니다. 저는 각주에서 어디에서 본 글을 참고하여 "숭실학교 2년 선배였던 김현승의 추천으로 게재하였다"라고 확인되지 않은 사실을 써 넣어버린 겁니다. 선생님께서는 "내가 왜 김현승의 추천을 받아?" 하고 화를 내셨습니다. 저는 선생님의 대노하시는 모습을 보고 혼비백산하여 사당동 대림아파트 후문에 가서 화이트를 사다가 잘못된 부분을 지우고 논문을 드릴 수 있

었습니다. 난생 처음 선생님께 꾸지람을 듣고 진땀을 흘려야 했습니다. 그때 저는 '본인이 직접 확인한 전거를 가지지 않으면 증거로 대지 말아야 한다'는 사실을 절감하였습니다. 선생님은 그렇게 엄정한 분이셨습니다. 선생님의 올곧은 성품과 절망 속에서도 희망을 일구시는 정신력이 있었기에 일제치하에서도 자신과 문학을 지킬 수 있었으리라 확신합니다.

박사논문에 이어 바로 「황순원 문학연구」를 시와시학사에서 간행하자 선생님께서는 꼼꼼히 읽으시고 "수고했어"라고 꼭 한마디 말씀하셨습니다. 그러나 흡족한 미소를 띠고 계셨습니다. 그리고 선생님의 서가에 그 책을 꽂으셨습니다. 그리고 2000년 선생님이 작고하시고, 2005년 푸른 사상사에서 「황순원 문학연구」를 다시 간행하면서 선생님과 사모님 사진, 그리고 전집사진 등을 넣어 사모님께 드리자 사모님께서는 너무 좋아하시면서 책을 쓰다듬으시면서 한 번에 모두 볼 수 있어서 좋다고 하시며 선생님을 그리워하셨습니다.

최동호 : 황 선생님의 인간적인 모습과 선생님을 기리는 사모님의 모습을 아울러 엿볼 수 있는 좋은 이야기라고 생각합니다. 감사합니다. (2015)

* 위의 대담은 다음 문건과 메일 문답을 통해 작성된 것입니다.
김종회, 「문학의 순수성과 완결성, 또는 문학적 삶의 큰 모범」, 『작가세계』, 1995년 봄.
박덕규 선생과 장현숙 선생은 이번에 직접 문서로 작성함.

제2부

황순원 초기 작품의 다양성과 체험의 상관성

동경의 꿈에서 피사의 사탑斜塔까지

황순원 초기 작품의 다양성과 체험의 원초성

1. 숭실중학교 시절의 다양한 작품들

황순원은 작가는 '오직 작품을 통해 말한다'는 작가적 소신을 올곧게 지킨 소설가로 알려져 왔다. 잡문을 쓰지 않는다는 그의 실천적 발언은 일종의 아우라를 만들어 소설가 황순원을 자리매김하는 하나의 단서가 되기도 했다. 지금까지 황순원의 소신 표명과 실천으로 인해 그의 작품을 체험적 요소와 결부시켜 해석한 경우는 많지 않았다. 그러나 문학 작품의 경우 체험적 요인 없이 작품을 쓴다는 것은 거의 불가능하다. 체험을 바탕으로 하지만 거기에 상상력을 가미시켜 또 하나의 세계를 창조하는 것이 시인이요 작가이다. 특히 인생의 체험이 풍부하게 축적된 만년의 작품보다는 미성숙한 경험이 그대로 드러나는 초기작에서 작가의 체험적 요인과 그것을 형상화시키는 작가적 가능성을 더 적극적으로 확인해 볼 수 있을 것이다. 필자는 이글에서 최근에 발굴된 그의 초기 동요와 소설이 그리고 희곡을 일차적

자료로 삼아 출발점에 있었던 황순원 문학의 의미와 방향성에 대해 고찰해 보고자 한다. 황순원은 1915년 3월 26일 평안남도 대동군 재경면 빙장리에서 출생했다. 부친은 평양 숭덕학교 교사를 지낸 바 있고 3·1운동에 참여하여 독립선언서와 태극기를 평양시내에 배포하여 1년 6개월 투옥되었다. 부친이 옥고를 치르는 동안 어머니와 시골에서 생활했으며 1921년 가족 전체가 평양으로 이사한 것으로 전해진다. 1922년 숭덕 소학교에 입학했으며 1929년 정주 오산학교에 입학했지만 다시 평양으로 돌아와 숭실중학교에 입학했다.

황순원이 초기작을 처음 발표한 것은 숭실중학교 재학 중이던 1931년부터이며 이 습작품들은 이미 1930년경에 썼던 것으로 판단된다. 지금까지 최초의 발표작으로 알려진 것은 1931년 7월 『동광』에 발표한 「나의 꿈」이란 시이다. 그런데 최근 발굴된 자료에 의하면 1931년 3월 26일 『동아일보』에 이미 동요 「봄 싹」을 발표했으며 이어 같은 지면 1932년 3월 12일까지 8편의 작품을 게재했다. 이는 당시 중학생이었던 황순원이 문학을 지망할 것을 목표로 하고 있었음을 말해 주는 자료이다. 뿐만 아니라 황순원은 소년소설 「추억」을 1931년 4월에 『동아일보』에 발표하고 단막극 「직공생활」을 1932년 6월 29일 『조선일보』에 발표했다. 특히 단편소설의 말미에 1930년 4월 1일이란 표기가 있는 것으로 보아 그가 처음 소설을 쓴 것은 1930년임을 알 수 있다. 이 자료를 통해 우리는 숭실중학교에 재학 중이던 황순원이 다양한 문학적 실험을 시도했다는 사실을 확인할 수 있으며 일반적으로 시에서 출발하여 단편으로 다시 장편소설 작가로 변신했다는 종전의 가설은 일부 수정하지 않을 수 없게 되었다. 1934년 숭실중학교를 졸업한 황순원은 일본 와세다대학 제2 고등학원에 유학하며 1934년 첫 시집 『방가』를 동경에서 발간했다. 이로 인해 일단 그의 문학적 첫 출발은 시에 집중되었음을 알게 된다. 동시에 황순원은 소설에도 소홀하지 않아 1934년 『三四문학』 동인으로 시와 소설을 발표했으며 1936년 제2시집 『골동품』을 간행했다. 와세다대학 영문과(1936-1938)를 졸업할 무렵인 1938년 단편소설 「돼지」를 발표한 다음 이어 1940년 『황순원 단편집』을 간행했다. 동요와 시가 선행하고 뒤이어 소년소설에서 단편 소설로 나아간 경로가 초기 그의 연보를 정리하는 과정에서 밝혀진 것이다. 그러니까 16세에 이미 동요와 시 그리고 소설을 발표하고 17세에는 단막극을 발표하는 등 황순원의 문학은 그 출발이 매우 조숙하고 다양했다. 물론 시에서 소설로 이동해 가는 황순원의 행보는 아주 신중한 것이었으며 오랜 시간을 거쳐 한국문단의 대가로 성숙하는 과정을 보여 주었다는 것은 널리 알려진 사실이다. 『시선집 황순원전집 11』(문학과지성사, 1985)에는 『방가』, 『골동품』, 『공간』, 『목탄화』, 『세월』, 『세월 이후』 등 시기별로 여섯 단락으로 구분되어 92편의 시가 수록되어 있다. 황순원 자신의 손으로 배열된 이 시선집에는 황순원의 거의 모든 시가 수록된 것으로 보이는데 최근 발굴자 8편을 합하면 황순원의 시가는 동요를 포함시켜 모두 100편이다. 이를 전체적으로 살펴보면 황순원은 초기부터 마지막까지 평생 시의 끈을 놓지 않고 살았으며 그의 문학에서 시가 깊은 의미를 차지하고 있었다는 것을 알 수 있다. 황순원 문학 전체에서 시가 양적으로 보아 많지는 않다. 그러나 그의 문학은 동요에서 시작하여 시로 끝났다고 말할 수 있다. 그러므로 그의 전체성을 논할 때 시를 배제하고는 말 할 수 없다. 이 글에서는 이 번 발굴 자료를 출발점으로 하여 황순원의 초기작이 보여주는 여러 작품에서 나타나는 체험적 요소를 탐색하면서 과연 그의 초기 문학을 지배하는 원초적 요소가 무엇이었으며 그의 문학의 밑바닥에 강하게 자리 잡고 있던 자의식을 규명하고 그것이 어떤 문학적 의미를 갖는 것인가를 파악하는 것을 목표로 한다.

2. 실제 체험과 문학적 발전

평양 숭실중학교 2학년 16세 소년이었던 황순원은 동요에 관심을 갖고 이를 습작하여 그 일부를 당시 대표적인 신문 『동아일보』에 투고했다. 1931년 3월 그 첫 발표작은 동요 「봄싹」이다.

> 양지쪽다스한곳 누른잔듸로
> 파릇한풀싹하나 돋아나서는
> 봄바람살랑살랑 장단을맞춰
> 보기좋게춤추며 개웃거리죠
>
> 보슬비나리면은 물방울맺혀
> 아름다운진주를 만들어내고
> 해가지고달뜨면 고히잠들고
> 별나라려행꿈을 꾸고 있어요

―「봄싹」 전문

규칙적인 음수율과 아름다운 소년의 꿈이 깃든 이 작품에서 우리는 맑고 투명한 동심의 세계를 볼 수 있다. 순정한 시심이 지배하는 이 작품에서 별나라를 여행하고 싶은 소년의 꿈을 말하고 있는 화자를 통해 우리는 자연을 바라보고 이 조화로운 아름다움을 추구하는 강한 욕구를 발견할 수 있다. 소년 황순원의 이러한 열정은 첫 시집 『방가』를 발간한 1934년까지 지속된다.

그러나 이 시집 도처에서 엿볼 수 있는 것처럼 자아와 세계의 불화와 불일치는 그가 지닌 커다란 현실적 번민으로부터 비롯된 것이리라 짐작된다. 조화로운 현실이 아니라 불화의 세계를 뚫고 나가 자신만의 아름다운 세계를 건설하려는 것이 당시 황순원이 가지고 있었던 꿈이요 문학적 소망이었다고 할 수 있다. 시집 『방가』의 서두에는 이 강력한 꿈을 표명하는 시가 수록되어 있다.

꿈, 어젯밤 나의 꿈
이상한 꿈을 꾸었노라
세계를 짓밟아 문지른 후
생명의 꽃을 가득히 심고
그 속에서 마음껏 노래를 불렀노라

언제고 잊지 못할 이 꿈은
깨져 흩어진 이 내 머릿속에서도
굳게 못박혔도다
다른 모든 것은 세파에 스치어 사라져도
나의 동경의 꿈만은 깊이 존재하나니

— 「나의 꿈」 전문

첫 시집의 서두에 이 시를 내세운 것은 그만큼 자신의 꿈이 강력함을 강조하기 위한 의도적인 배치이다. 모든 것이 세파에 시달려 사라져가도 화자가 지닌 '꿈만은 깊이 존재'한다는 마지막 시행은 이후 황순원 문학이 지닌 본질적 요소를 말해 준다. 여기서 지나쳐 갈 수 없는 것은 첫 시집을 발간했던 시기가 다름 아닌 황순원이 고향을 떠나 동경에 유학을 간 첫 해이기도 하다는 점이다. 타향에서 그것도 식민지 출신의 유학생이 겪는 정체성의 혼란은 그로 하여금 더욱 자신의 꿈을 깊고 소중하게 간직하게 만들었으리라 짐작한다. 기존의 세계를 무너뜨리고 생명의 꽃을 가득 심고 마음껏 노래 불렀다는 진술은 위기로 치달리는 불화의 세계에서 자신만의 세계를 구축하고자하는 젊은 문학청년의 간절한 그리고 절박한 심정의 표현이었다고 하겠다.

동요를 집중적으로 발표하고 그것으로부터 벗어나 강력한 자유의지를 표현한 시집 『방가』에서 황순원이 '이 시집은 나의 세상을 향한 첫 부르짖음이다'라고 서문을 쓴 것처럼 부르짖음에 가까운 격정적 토로를 다음과 같이 노래하고 있다.

> 빼앗긴 것 없이 빈 듯한 마음, 찬 것 없이 부듯한 가슴
> 광대한 우주를 껴안고 입맞추겠다던 큰 생각이
> 때로 이는 짜릿한 외로움에 갈래갈래 찢기운다
> ―「이역에서」 첫 부분

> 황혼의 나는 노래를 부른다
> 애상 가득한 목청을 찢고 비분에 가득 찬 노래를
> 너도 거문고 줄을 끊고 내 노랫소리에 귀 기울여라
> ―「황혼의 노래」 끝 부분

자신이 원래 가지고 있던 큰 생각은 갈래갈래 찢겨져 비분에 가득 찬 노래를 부른 것이 동경 생활 첫 해를 살고 있던 황순원의 솔직한 심정이었을 것이다. 『방가』에 수록된 「꺼진 등대」, 「우리 안에 든 독수리」, 「1933년의

수레바퀴」 등은 모두 이역에서 시대와 조국을 걱정하고 그 불화를 드러내는 시편들이라고 하겠다. 그러나 이 격정의 순간을 진정시키고 이를 문학적으로 한 단계 전진시킨 것이 1936년에 간행된 시집 『골동품』이다. 이 시집에 수록된 시편들은 모두 1935년 5월부터 12월 사이의 6개월 동안에 창작된 것으로 기록되어 있다. 격정의 순간이 지나가고 난 다음 침잠의 시기를 맞아 쓴 시집으로서 『골동품』은 사물에 대한 관찰과 응시의 눈길을 재치 있게 포착한 시편들을 동물, 식물, 정물 등 세 부분으로 분류해 놓았다.

이 점은
넓이와 길이와 소리와 움직임이 있다.
— 「종달새」

닭인 양
모가지를
비트니
푸득이는 대신에
밑둥까지 피 뭉친다
— 「맨드라미」

별을
쓰느라
머리가
세웠소
— 「갈대」

말의 긴축과 절제가 두드러지게 느껴지는 이러한 시편들은 황순원의 기발한 착상과 뛰어난 언어감각을 말해 준다. 과다한 말의 남용을 경계하고 극소의 언어로 자신이 파악한 사물의 특징을 드러내줌으로써 독자들에게 여백의 공간을 열어준다. 하늘로 날아오른 종달새나 피가 뭉친 듯 밑둥이 붉은 맨드라미의 특징을 간결하게 포착한 황순원의 시를 읽으면서 언어적 재기와 감칠맛을 느낀다는 점에서 『골동품』은 특별한 의미를 갖는다. 어떤 면에서 르나르의 『박물지』를 연산하게 하는 이러한 시편들을 통해 황순원은 언어의 절제와 의미의 농축을 실험했을 것이다. 주로 1935년 전후의 시편을 묶은 『공간』에서는 다시 말수를 늘이고 그 언어적 묘미를 맛볼 수 있게 하면서도 이전 시집에서 누락된 일부 시편을 수록하고 있는데 최근 자료 발굴에서 소개한 「칠월의 추억」은 이미 알려진 작품으로 처음 공개된 것은 아니다(『황순원전집 11 시선집』, 문학과지성사, 1985, 75-76쪽 참조). 그러나 흥미로운 것은 이 시에 나타나는 체험적 요소들이 황순원이 어린 시절 살았던 고향을 연상시키면서 그 이야기를 전개하는 방법이 마치 백석의 이야기 시와 유사하게 느껴진다는 점이다. 산골 마을 이야기를 객관적으로 전달하는 것 같은 서술 형태를 취한 이 시는 마지막 부분에 이르러 유년시절 자신의 체험을 다음과 같이 토로하는 것으로 끝맺고 있다.

>다음날도 바람 구름 한 점 없는 폭양 아래
>아이는 같은 조밭 머리에서 메뚜기와 놀고
>어머니는 까만 얼굴로 김풀을 뜯는데
>이날은 바로 옆 산에서 산버들기가 울어주었다
>
>— 「칠월의 추억」, 끝 부분

아이는 세상사를 모르고 물고기를 잡거나 박각시를 부르며 놀았지만 이웃집 곱단이가 물에 빠져 죽는 일이 벌어지는 것이 당시의 농촌 현실이었다. 산간 마을에서 일어난 온갖 사연이 있었음에도 불구하고 어머니는 전과 다름없이 폭양이 내리쪼이는 조밭머리에서 김을 매고 있다. 전체적으로 한가로운 풍경에도 불구하고 화자는 이런 이야기들을 보다 성숙한 눈으로 바라보고 있다. 아직 그 비밀을 다 알고 있지는 못한다고 하더라도 이미 이런 사실들을 하나의 추억으로 삼았다는 것은 그가 이런 현실의 어려움들을 하나씩 깨닫기 시작한 것이라 말할 수 있다. 그런데 여기서 우리에게 흥미로운 것은 이런 풍경과 사실들이 그가 외갓집에서 지내던 어린 시절의 체험을 원형적으로 보여준다는 점이다. 기미운동으로 옥살이 하는 아버지와 헤어져 잠시 시골에서 살던 시기의 체험이 시의 문면에서 배어 나오고 있다.

이것이 황순원이 마음속 깊이 각인된 유년의 원체험 중의 하나라고 필자는 해석한다. 시 속의 아이는 '첫 여름 밀서리 먹던 꿈도 꾸며 아침이면 꿀벌 든 호박꽃잎을 박아 쥐고 좋아하기도 했던' 바로 그 유년 시절의 체험에서 가장 평화롭고 아름다운 지복의 순간을 경험했던 것이다. 황순원이 나의 꿈에서 생명의 꽃을 가득 심고 마음껏 노래 부르고 싶은 생명의 원초적 세계가 여기에 있었다. 현실에서의 정치적 억압이나 부당한 강요를 물리치고 그러한 세계를 세우고 싶었던 것이 황순원이 그의 내면에서 가장 깊이 간직하고 있던 소망이었을 것이다. 이 한 장의 풍경화는 70의 나이가 된 후에도 다시 반복해 나타나고 있다는 것은 우연이기는 하겠지만 매우 주목할 만한 일이다.

3. 시적 체험과 황순원의 문학

시인이나 작가의 자의식에 깊이 각인된 풍경은 반복해서 재현된다. 황순원에게 이렇게 반복 재현되는 장면이 아버지는 투옥되어 있고 어머니는 조밭머리에서 김을 매는 여름 풍경이다. 그 여름날의 기억은 황순원의 무의식의 심층에 흘러들어 그가 생명의 노래를 부르겠다고 결심한 가장 원초적인 동기가 되었다고 생각된다. 왜냐하면 이 풍경이 1940년 첫 단편집 『황순원 단편집』을 간행한 후에도 사라지지 않고 그의 내면에 자리 잡고 있었기 때문이다. 시가 그의 전면에서 물러서고 소설이 그의 전면에 두드러지게 부각되고 있었던 만년에도 그 자의식의 그림자는 다음 시에서처럼 불현듯 어두운 장막을 헤치고 전면에 솟아나오는 목격할 수 있기 때문이다.

어머니가 김을 매는 조밭머리 긴긴 한 여름 뙤약볕 속에 혼자 메뚜기와 놀던 다섯 살짜리 아이가, 눈이 좀 어두운 어머니의 길잡이로 말승냥이 늘 떠나지 않는다는 함박골을 앞장서 외가에 오가던 다섯 살짜리 아이가, 장차 어떻게 살아가나 어머니가 짐짓 걱정을 할라치면 나귀로 장사해서 돈을 많이 벌겠다던 다섯 살짜리 아이가, 기미운동으로 옥살이하는 아버지를 힘들여 면회 가선 내내 어머니의 젖가슴만 더듬었네, 불도 켜 있지 않은데 눈이 부셔 부셔 아버지가 눈부셔 바로 쳐다볼 수 없었네, 지금은 일흔 살짜리 아이기 되어 이 추운 거리 다시 한 번 아버지를 면회 가서 당신의 젖가슴을 더듬어봤으면 어머님이여 나의 어머님이여

— 「우리들의 세월」

『시선집』 다섯 번째 단락 「세월시편」에 수록된 위의 시는 그의 나이 70에 쓴 것이라 문면에 기록되어 있다. 그의 인생 전체를 돌이켜 보는 자리에 다시 떠오른 것은 일단 기미독립운동으로 옥살이하는 아버지이지만 전체적인 구도에서 더 깊이 내밀하게 드러내는 것은 조밭 매던 어머니의 이미지이며 다섯 살 아이로 돌아간 화자 자신이다. 아버지를 바로 바라보지 못하고 어머니의 젖가슴만 더듬던 아이의 고백에서 우리는 일단 그가 매우 내성적 성격의 소유자라는 것을 알 수 있고 그 후 오랜 세월이 지나도 이 원초적 성격은 결코 변하지 않았다는 것을 알 수 있다. 어둠 속에 있는 아버지의 얼굴을 제대로 바라보지 못한 아이의 내면에 점화된 내면의 빛이 그가 살아온 세월 동안 그를 지켜 준 힘이 되었던 것이 아닐까. 이미 많은 비평가들이 황순원의 대표작 중의 하나가 「소나기」라고 지적한 바이지만 지금까지 우리가 개진한 시각에서 바라본다면 「소나기」에 등장한 소년의 이미지는 바로 이 아이의 다른 얼굴이며 「소나기」에 등장한 소녀의 이미지는 그가 그리고 있는 영원한 여성으로서 어머니의 모습이 담겨 있다고 해석할 수 있다. 위의 시에서 어머니의 젖가슴을 더듬어 보고 싶다고 말한 것은 이 영원한 생명의 원초성으로 되돌아가고 싶다는 뜻으로 해석할 수 있을 것이다.

황순원 시의 마지막 단락이라고 할 수 「세월」 이후 시편에서 다음과 같은 구절을 발견한 것은 이런 맥락에서 지나쳐 갈 수 없는 부분이라고 하겠다.

마누라에게서 애 엄마처럼
젖내가 풍긴다

— 「산책길에서2」 제 4연

위의 인용부분은 80에 이른 노부부가 산책길에서 느낀 솔직한 심정을 피력한 구절이다. 죽음이 아니라 죽음을 이야기하면서도 영원한 모성에로의 회귀 또는 새로운 생명에의 동경을 나타내는 것이라 말할 수 있다. 여기서 원환의 고리가 만들어진다. 괴테는 어디선가 다음과 같이 말한 적이 있다. '나는 체험하지 않은 것은 하나도 쓴 적이 없다. 그러나 체험 그대로 쓴 것도 하나도 없다.' 어떤 얼굴을 하고 나타나더라도 작가나 시인은 자신의 체험을 바탕으로 상상과 변형을 가하여 하나의 또 다른 세계를 창조한다. 그러나 그의 상상력의 원초적 동력은 그의 무의식에 가장 깊이 각인된 체험일 것이다.

숭실중학교 시절 황순원은 생명의 노래를 마음껏 부르겠다는 굳센 결의를 토로한 바 있는데 그 꿈은 더 어린 시절 다섯 살 아이의 의식 속에 새겨진 체험이고 그것이 시나 소설로 다양하게 변주된 것이라고 하더라도, 여기서 그 예를 하나하나 열거할 필요는 없지만, 기억 속에서 출발하여 다시 기억 속으로 수렴되어 상상을 통해 재현되는 것이라고 하겠다.

4. 황순원 문학과 평생의 시

황순원이 1931년 4월 『동아일보』에 발표한 소년소설 「추억」은 문장이나 구성으로 보아 16세 소년의 소설로서는 뛰어난 작품이라 할 수 있다. 특히 처음에 제기된 의혹을 점진적으로 풀어나가 결말에서 보여주는 반전의 솜씨는 그가 이 시기 이미 소설을 쓸 수 있는 상당한 능력을 가지고 있었음을 말해 준다. 이에 비해 다음해인 1932년 6월 29일 『조선일보』에 발표한 단막극 「직공생활」은 조금 단조로운 구성을 보여주고 있기는 하지만 불황으로 해고된 경환과 경옥이 집안에 닥친 고난을 전면에 부각시켜 임화의 「우리 오빠와 화로」나 채만식의 「레이디 메이드 인생」을 연상시킨다는 점에서 동시대의 사회적 현실과 문학적 대응을 보여주는 흥미로운 단서를 제공해 준다. 어떻든 이 번 자료 검토를 통해 다음 두 가지 사항을 확인할 수 있다. 하나는 황순원 문학은 그 초기부터 다양한 장르를 실험하면서 형성되었다. 시에 집중되기는 했지만 황순원은 동요, 자유시, 소년소설, 단막극 등을 시험하면서 점차 작가로서 자신의 방향성을 찾게 되었다고 하겠다. 다음으로는 황순원은 평생 시의 끈을 놓지 않고 창작해 왔다는 사실이다. 그리고 특히 초기시에서 나타나는 체험적 요소들은 그의 의식의 심층에서 평생 지워지지 않는 흔적을 남기고 있다는 사실이다. 다섯 살 아이 시절의 한 장면은 70세 노인이 되어서도 그에게 되풀이 재현되면서 생명의 노래를 마음껏 부르겠다는 초기의 시적 결의를 다시금 상기시켜 주는 원초적 체험이었다고 할 수 있다.

황순원은 장편소설 작가로 자신의 입지를 굳혀 나갔음에도 왜 시를 놓지 않고 있었을까 하는 의문이 남는다. 그는 소설을 쓰면서도 서정적 시심을 끝내 견지하고 싶었을 것이다. 다시 말하면 생명의 물기를 살리고 싶었던 것이 그의 문학적 특성의 하나라고 지적할 수 있다는 것이다. 서정성을 잃지 않을 때 시적인 소설이 탄생하며 여기에 황순원만의 특성이 살아난다. 그가 살았던 세월이 각박하면 할수록 그는 생명의 물줄기로서 서정성을 살리고 싶어 했을 것이다. 왜냐하면 그것이 그가 문학을 지향하게 된 결정적 동기가 생명의 노래에 있었기 때문이다. 그의 산문에서 다음과 같은 문장을 읽을 때 이런 생각은 더욱 확실해진다.

소설에서 우리가 감동하게 되는 것은 그 작품 속에 깔려 있는 시와 마주치기 때문이다.

— 「말과 삶과 자유」, 시선집 205쪽.

황순원의 이 말을 변형시켜 말한다면 시와 마주치지 않는 소설은 진정한 소설이라고 할 수 없다. 모든 소설에 이 말이 통용될 수 있을지는 모르겠지만 적어도 황순원의 소설에는 이 말이 적용될 것이다. 황순원은 시심을 잃지 않는 소설을 진정한 소설이라고 생각했으며 평생 시를 통해 자신의 문학을 풍요롭게 했다. 그로 인해 그의 소설 밑바탕에는 시가 자리 잡고 있었으며 우리는 그의 소설을 읽으면서 그의 가슴 깊이 감추어져 있던 인간적 서정과 마주하게 된다. 황순원 문학에서 서정성이 높이 평가되는 그것이 문학성의 궁극을 보여주었기 때문이다. 그것은 그가 살았던 시대가 힘난한 시련의 시기였기 때문에 더욱 강한 빛을 발한다. 고난에 좌절하지 않고 이를 뚫고 나가는 힘을 우리는 그의 소설에서 발견할 수 있다. 우리가 그의 소설에 감동을 받게 되는 것은 소설 속에 깔려 있는 시와 마주치기 때문이다. 바로 이것은 영원한 생명의 노래를 부르겠다고 꿈속에서 부르짖은 16세 중학생이 소년작가로 시작하여 80이 넘는 원숙한 대가가 되어서도 끝내 잊지 않고 지킨 자신과의 약속이었다. (2013)

동경의 꿈에서 피사의 사탑(斜塔)까지
― 황순원의 시세계

1. 황순원의 신선한 힘

평범하게 지나갈 일이라도 우연이라고 생각하고 그냥 지나칠 수 없는 경우가 있다. 일상적인 삶 속에 묻혀서 사라져 버릴 일이 자꾸 떠오르게 될 때 그러하다. 황순원의 시를 통독하는 동안 내내 하나의 얼굴이 필자의 머리에서 떠나지 않았다.

1984년 여름 두 달여의 해외여행을 마치고 귀국한 그와의 첫 대면에서 받은 인상이 그것이다. 장기간 해외여행의 피로감을 그에게서 전혀 찾아볼 수 없었다. 오히려 신선한 힘 같은 것이 솟아오르고 있다고 느껴졌다. 고희를 눈앞에 둔 연령에도 불구하고 오랜 여행의 흔적이 그의 얼굴에서 느껴지지 않았다는 것은 필자에게 이상한 여운을 남겼다. 거기에는 숨겨져 있기는 하지만 새롭게 샘솟는 자신감까지도 깃들어 있다는 느낌을 떨쳐 버릴 수가 없었다.

이때 필자가 읽은 시가 바로 『文學思想』(1984.10)에 발표된 「기운다는 것」
이었다.

> 피사의 사탑이 기울어졌지만
> 바라보는 각도에 따라
> 별로 기운 것같지 않기도 하고
> 아주 기울어 금방이라도 쓰러질 것만 같기도 하다
> 내 시각에 의하면
> 피사의 사탑을 보기 전 이미 거쳐 온
> 밀라노도 기울었고
> 피사의 사탑을 보고 난 뒤 거친
> 로마도 플로렌스도 베니스도 다 기울어 있었다
>
> ―「기운다는 것」제1~9행

이 시에서 두드러지는 것은 사물을 바라보는 시각의 다면성이다. 기울어져 있는 피사의 사탑을 보면서 화자는 기운다는 것을 바라보는 자신의 시각을 말한다. 로마·플로렌스·베니스·밀라노 등 여정의 발길이 향한 곳곳에서 그가 보았던 대로 기운다는 것은 물론 이를 버틴다는 것이 무엇인가에 관해서도 새로이 인식하였음을 짐작할 수 있다. 밀라노는 스칼라 오페라하우스가, 로마는 바티칸의 베드로성당이, 플로렌스는 미켈란젤로의 다비드상이 버티고 있는데, 베니스만이 버티고 있는 것이 없다는 이 시의 화자의 계속된 진술은 기운다는 것과 버틴다는 것의 의미가 무엇인가를 시사해 준다. 화려했던 궁전도, 거기에 붙어 있는 마르크성당도 베니스의 기울어짐을 버텨 줄 힘이 되지 못한다는 화자의 시각은 예술과 문명, 역사와 삶 사이의 상관성에 대한 깊은 통찰을 담고 있다. 화자의 관점이 보다 명백히 드러나는 것은 독백체로 계속되던 이 시의 어법이 대화체로 바뀌는 제17행에 이르러서이다.

> 그대여
> 그대의 시각에
> 나는 얼마나 기울어져 있는가
> 아무리 위태롭게 기울었다 해도
> 버텨줄 생각일랑 제발 말아다오
> 쓰러질 것은 쓰러져야 하는 것
> 그저 보아다오
> 언제고 내 몸짓으로 쓰러지는 걸.
>
> ―「기운다는 것」끝 제 17~24행

    쓰러질 것은 쓰러져야 하는 것이지만 언제고 자신의 몸짓으로 쓰러질 것을 그저 그대로 보아달라고 말하는 화자의 어조에는 기운다는 것 이상의 어떤 충만한 자신감이 배어 있다. 남의 도움을 빌려서 억지로 버틸 것이 아니라 쓰러져야 할 때는 자신의 몸짓으로 쓰러지겠다는 강한 의지가 이 자신감에 함축한다. 남들이 그들의 시각에 따라 위태롭게 기울어져 있는 것처럼 자신을 바라본다고 할지라도 그것은 시각의 차이일 뿐이라는 것이다. 나아가 쓰러져야 할 때는 자신의 몸짓으로 쓰러지겠다는 예술가적 결의를 이 시는 드러내 준다.
    이 결의에는 자신의 생애를 걸어 쓰러지는 것을 생각하는 지점까지 축적된 삶의 슬기로움이 내포되어 있으며, 앞에서 말한 여행 후의 그에게서 발견할 수 있었던 신선한 힘도 아울러 담겨져 있다. 그것은 내적으로는 강한 의지를 집약하고 있지만 외적으로는 담담하게 서술된다. 평범하지만 지나칠 수 없는 시적 고백이란 점에서 시 「기운다는 것」은 독자에게 상징적인 여운을 남긴다.

2. 시적 체험의 고향

1931년 7월 『東光』에 「나의 꿈」이란 시를 발표한 이후 시에서 단편소설로, 다시 단편소설에서 장편소설로 자신의 문학적 영역을 확대시켜 온 황순원은 이제 50여 년을 넘기면서 창작 활동을 계속하고 있는 한국의 대표적인 현역 작가 중의 한 사람이다. 대표적이란 말 속에는 질과 양이 동시에 포함된다. 이런 예는 우리 문학사에서 유례를 찾기 힘들다. 그는 거대한 나무와 같다. 풍요로움과 노성함을 아울러 지녔다는 점에서 그는 행복한 문인이기도 하다.

반세기를 넘는 그의 문학적 역정에서 최근에 눈여겨보아야 할 특색 가운데 하나는 그가 다시 여러 편의 시를 발표하고 있다는 사실이다. 시로 출발한 그가 다시 시로 복귀한다고 말할 수 있다. 원점에의 회귀일 터이다. 최근에 발표된 시를 읽으면서 우리는 그의 인간적 원숙성을 만난다. 그리고 그의 문학에서 삶의 깊이를 다시 음미하게 된다. 뿐만 아니라 우리가 그동안 그의 시에 깊은 관심을 표명하지 못했었다는 사실도 발견하게 된다. 소설가 황순원에 너무 깊이 경사된 탓이다. 그는 결코 젊은 시절의 일시적인 열정의 방출이나 지나쳐가는 문학적 여기로 시를 생각하지 않았다. 그의 시적 이력을 추적해보면, 그가 지속적으로 그리고 끊임없이 시를 써 왔다는 사실을 알게 된다. 황순원 문학의 전체성을 파악하기 위해서는 그의 시에 대한 집중적인 고찰이 필요하다. 이는 자주 지적되어 온 것처럼 그의 소설에서 드러나는 시적 서정성이나 시적 분위기를 규명하는 기본적 전제이기도 하다. 뿐만 아니라 최근에 볼 수 있는 원점 회귀 현상은 일명 작가 황순원이 본질적으로 시인이 아닌가 하는 예감에도 사로잡히게 한다.

황순원의 시는 자신에 의하여 『방가(放歌)』(1934)・『골동품(骨董品)』(1936)・『공간(空間)』・『목탄화(木炭畵)』・『세월(歲月)』 등 다섯 묶음으로 구분되어진다. 『방가』와 『골동품』은 독자적으로 간행된 시집이며, 『공간』은 지금까지 그의 전집에서 제외되었던 것으로 『골동품』과 『목탄화』 사이를 이어주는 시편이며, 『목탄화』는 해방 이후 1960년까지의 시들을, 『세월』은 74년 이후 최근의 「기운다는 것」까지의 시편들이다. 작품 수는 『방가』 15편, 『골동품』 22편, 『공간』 13편, 『목탄화』 10편, 『세월』 24편 등 모두 84편이다. 이 시들을 통독하면서 필자가 느낀 점을 한마디로 요약한다면 동경(憧憬)의 꿈에서 피사의 사탑(斜塔)에 이르는 예술가적 고뇌와 집념의 표현이라는 점이다. 그의 예술적 고뇌에는 인간적 번민도 담기지만 시대나 역사에의 지향도 빼놓을 수 없다. 황순원의 소설에서 역사성이나 사회성을 찾기 어렵다는 지적도 사실은 일면적인 지적일 뿐이다. 그의 문학적 전체성을 규명하기 위해서는 장르적 다양성을 거시적으로 통합하면서 그의 문학을 관통하는 지속적 의미망을 포착해야 할 것이다.

우선 『세월』의 모두에 실린 「나의 꿈」을 인용해 보자.

꿈, 어젯밤 나의 꿈

이상한 꿈을 꾸었노라

세계를 짓밟아 문지른 후

생명의 꽃을 가득히 심고

그 속에서 마음껏 노래를 불렀노라.

언제고 잊지 못할 이 꿈은

깨져 흩어진 이 내 머릿속에도

굳게 못박혔도다

다른 모든 것은 세파에 스치어 사라져도

나의 이 동경의 꿈만은 길이 존재하나니.

— 「나의 꿈」 전문

    기존의 세계를 짓밟아 무너뜨리고 새 생명의 꽃을 가득 심고 마음껏 노래를 불렀다는 이 시는 단순한 꿈 이야기가 아니다. 연령적으로 보아 16세 소년의 작품이라기에는 벅찰 정도로 야심적인 꿈의 표명이다. 가득한 생명의 꽃 속에서 마음껏 노래 부른 소년에게 이 꿈은 영원한 것이며, 이 이상한 꿈은 그의 예술적·문화적 미래를 예시하는 이정표가 되었던 것이라 하지 않을 수 없다.
    이 지울 수 없는 꿈을 가슴속에 뜨겁게 지니고 있음에도 그가 처한 당시의 상황은 암울한 세계사적 조류에 휘말려 있었다.

별 없는 하늘에 번개가 칠 때나

고운 달빛이 잔물결 위로 미끄러질 때나

한결같이 길잡이를 해주던 등대

지금은 포탄 맞은 성벽마냥 힘을 잃었도다

무너진 벽이며 깨어진 유리창이며 부서진 등알이며.

— 「꺼진 등대」 제1연

모든 것을 뒤엎으려는 거센 바람과 물결 몰아치는 어둠 속에서 항해자는 무엇을 바라보고 키를 잡을 것인가. 모든 것이 좌절되며 파탄이다. 그러나 그는 좀먹은 현실을 슬퍼만 하고 있는 것은 아니다.

뜻 있는 친구여 억함에 가슴 뜯는 젊은이여

좀먹은 현실을 보고 슬퍼만 할 텐가

우리들 참 사내는 등대의 불을 켜놓아

훗날 이곳을 지나는 사람들의 기꺼워함을

가슴 깊이 안아야 하지 않는가, 안아야 하지 않는가.

— 「꺼진 등대」 끝 제4연

참 사내는 시대의 등불을 밝혀야 한다고 화자는 말한다. 잔악한 적의 승리를 격파하기 위해서는 떨어진 역사의 한 구절을 조상(吊喪)하고 있을 수만은 없다. 등대에 불을 켜 폭풍우에 휩쓸린 어둔 항로를 밝혀야 할 것이다. 역사에의 적극적 참여자가 되자는 것이다. 이 괴로운 역경을 극복해 나가기 위해서는 세기의 지침을 직시해야 한다는 것이 화자의 관점이다.

비냐 바람이냐

그렇지 않으면 벼락이냐 지진이냐

불안한 흑운이 떠도는 1933년의 우주.

무에서 유로, 삶에서 죽음으로
그리고 개인에서 군중으로, 평화에서 전쟁으로
20세기의 수레는 광란한 궤도를 달리고 있다
이 한해의 궤적은 또 무엇을 그릴 것인가

―「1933년의 수레바퀴」제1~2연

    일본이 국제 연맹을 탈퇴하고, 독일에서는 히틀러의 나치 정권이 수립되어 세계 전쟁 일보 직전에 돌입한 해가 1933년이다. 20세기의 수레가 평화에서 전쟁의 광란의 궤도를 달리고 있었으며, 일본의 식민지하에 놓여 있던 당시의 조선의 젊은이로서 그는 이 난관을 어떻게 대처해 나가야 할 것인가 하는 선택의 기로에 서지 않을 수 없었을 것이다.

그래 1933년의 수레바퀴가 험악한 행진곡을 울린다고
젊은 우리는 마지막 퇴폐한 노래만 부르다가 길가에 쓰러져야 옳은가
이것으로 젊은이의 종막을 내려야 되는가
아 가슴 아파라 핏물이 괴는구나
울고 울어도 슬픔을 다 못 풀 이날의 현상.

그러나 젊은이여 세기의 지침을 똑바로 볼 남아여
화장터에 솟는 노오란 연기를 무서워할 텐가
오늘 우리의 고통은 보다 더 빛나고 줄기찬 기상을 보일 시련인 것을
자 어서 젊은 우리의 손으로 1933년의 수레바퀴를 힘껏 돌리자
괴로운 역경을 밟고 넘어가

억센 자취를 뒤에 남기도록.

— 「1933년의 수레바퀴」 끝 제3~4연

　시대의 수레바퀴가 아무리 험악한 행진곡을 울린다고 해도 세기의 지침을 똑바로 직시할 젊은 남아는 퇴폐의 노래를 부르며 길가에 쓰러질 수 없다. 아무리 울어도 슬픔을 다 풀지 못할 이 날의 고통스러움은 시련을 극복할 줄기찬 기상을 보일 수 있는 계기이며, 그런 뜻에서 1933년의 수레바퀴를 힘껏 돌리자고 화자는 말한다. 이와 같은 권면은 자신과 동년배의 젊은 이들에게 말하는 대화체인 동시에 자신의 결의를 다짐하는 내적 독백이기도 하다. 죽음을 두려워하지 말자. 가슴에 핏물이 괼 만큼 현실이 슬픔에 가득 차 있다고 하더라도 이날의 현상을 직시하자. 고통은 빛나고 줄기찬 기상을 드러내 보일 시련일 뿐이다. 전진하는 역사의 수레바퀴에 억센 자취를 남기자.

　그의 이 외침은 시집 『방가』의 제목 자체가 외침의 노래임은 물론, 서문인 「방가를 내놓으며」의 "이 시집은 나의 세상을 향한 첫 부르짖음이다. 나는 이 부르짖음을 보다 더 크게, 힘차게, 또한 깊게 울리게 할 앞날을 가져야 하겠다"에서도 분명히 드러난다. 그러나 그의 이 부르짖음의 앞날은 일제의 압력에 의해 굴절된다. 국내에서 더욱 강경한 일제의 검열 당국의 탄압을 피하기 위해 동경에서 『放歌』를 출간한 황순원은 방학이 되어 고향에 돌아오자 시집을 출간했다는 이유로 평양 경찰서에 붙들려가 29일간의 구류 생활을 겪게 된다. 일제에 대한 직접적인 비판은 없었다고 할지라도 세기의 수레바퀴를 똑바로 직시하자는 그의 발언들은 저들의 귀에 충분히 거슬린 만한 구절들이었던 것이다.

　유치장 생활 이후 그는 『삼사문학(三四文學)』의 동인이 되어 시와 소설을 발표하고, 1936년에는 제2시집 『골동품』을 상재했다. 『골동품』에 수록된 시들은 『방가』와는 달리 세상을 향한 부르짖음이 아니라 상상력의 단련과 실험의식을 보여준다. 그 자신이 시집의 서두에서 "나는 다른 하나의 실험관이다"라고 한 간명한 진술 속에서도 이 시집에 수록된 시들의 특색을 알 수 있다.

'동물초'·'식물초'·'정물초' 등 세 부분으로 구성된 『골동품』에서 우리는 사물을 극도로 축약시켜 순간의 기지로 포착하는 시적 통찰의 예각성을 만난다.

> 날개만
> 하늘이는 게
> 꽃에게
> 수염 붙잡힌
> 모양야
>
> — 「나비」 전문

> 닭인 양
> 모가지를
> 비트니
> 푸덕이는 대신에
> 밑동까지 피 뭉친다
>
> — 「맨드라미」 전문

> 슬픈 일을 태우려

담배를 뻐금여 온 때문에

인제는 대만 물면

슬픈 일이 날아와 빠작인다

— 「담뱃대」 전문

위의 세 편은 각기 동물·식물·정물에서 한 편씩 본 것이다. 「나비」는 꽃에 앉아 꿀을 빨고 있는 나비의 모습을, 「맨드라미」는 닭벼슬 같은 붉은 맨드라미꽃을, 「담뱃대」는 슬픈 일과 담뱃대와의 전도를 순간적으로 인식한 기지에 찬 작품들이다. 『골동품』을 읽으면 금방 생각나는 작품이 프랑스 작가 르나르의 『박물지(博物誌)』이다. 물론 단순한 모방은 아니다. 그 나름의 필연성이 개재된다. 『방가』에서 말한 그의 부르짖음이 크게, 힘차게 울려 나가지 못한 것은 외적 제약으로 인해 그의 상상력이 응축되었기 때문이다. 이 응축의 과정에서 그는 고통스러운 회의와 방황에 직면한다. 그동안 그의 전집에 수록되지 않았던 『공간』에 수록된 13편의 시들에 드러나는 번민에서 우리는 그 편린을 엿볼 수 있다.

내 어느 초봄

마른 풀잎에 불질러 놓던 논두렁 여기 있고

내 어느 여름날

멧새알 내리러 오르내리던 뒷산의 상수리나무 저기 있으리.

한데, 검붉게 얼어터진 사내들의 손잔등은 어쩐 일이고

여인들의 졸아든 젖가슴은 어인 일인가

논밭 갈아 먹고 사는 사람들의 한 해 동안의 보답이던가

삶을 위해 팔딱이는 심장의 고동이여

이날의 귀향자, 나는 고향의 고르지 못한 맥박을 짚어본다.

— 「귀향의 노래」 끝 3~4연

이역의 하늘에서 망향가를 부르며 고향을 그리워하던 화자는 겨울날 향리로 돌아온다. 그러나 그가 목격한 것은 고향의 궁핍상이다. 피폐한 고향에 돌아온 귀향자가 짚어 보는 고르지 못한 고향의 맥박은 간접적이기는 하지만 억눌린 현실에 대한 비판을 시사하는 것임이 분명하다. 여기서 우리는 『방가』와 『골동품』 사이에 서 있는 내성적인 인간을 발견하게 된다.

날마다 가슴에 새겨지는 일가—

조선사람, 서러움, 서러움, 조선사람,

가난한 살림을 싣고 흐르는 강물이건만

고국 대동강의 푸르른 물줄기가 그립다.

— 「오후의 한 조각」 제3연

알코올 병에 담뿍 잠기고 싶은 유월의 오후 햇빛을 등 뒤로 하고 앉아 화자는 검은 개울을 바라보며 자신의 그림자를 개울 위에 띄워본다. 검은 개울 속의 자신의 영상이 마음속의 애수를 대신한다고 연상한다. 상대적으로 고국 대동강의 푸른 물줄기가 그리워진다. 현재의 애수를 씻어 줄 수 있기 때문이다. 조선 사람이란 낙인이 화자를 괴롭힌다. 그럴수록 고향의 푸른 강물이 그립다. 가슴에 새겨지는 마음의 일기에 그는 자신이 처한 민족적 서러움을 고향에 대한 향수로 채워본다. 넓은 하수구 둑에 앉아 흘러가는 검은 개울물에 돌을 던지며 사실은 자신의 가슴에 돌을 던진 것이라고 생각한다. 이와 같은 울분은 동경 유학 시절 황순원이 겪었던 숨김없는 사실이었을 것이다. 젊은 날의 외로움과 민족적 울분 등이 이 시기의 그의 시를 지배하는 중심적 문제였다.

> 이역의 하늘 밑
> 이날의 고독아, 저녁 안개에 싸여가는 묘비 같은 외로움아
> 너는 나를 빻아 없앨 것만 같구나
> 가슴이 후련하도록 울어나볼까
> 별 없는 하늘 저쪽 고향을 향해
>
> ─ 「고향을 향해」 제3연

묘비 같은 외로움이 화자를 빻아 없앨 것만 같다. 묘비와 외로움의 병치에서 우리는 이 시의 화자가 말하는 고독의 강도를 느낄 수 있다. 저녁 안개에 싸여 가는 묘비는 화자의 죽음과 같은 외로움을 표상한다. 별 없는 하늘 저쪽에 있는 고향을 향해 가슴 후련하도록 울어 본다고 해결될 일이 아니다. 이는 단순한 감상 때문이 아닌 까닭이다. 그의 고민은 좀 더 깊은 곳에 있다.

> 향수를 싹트이게 하는 밤비
> 깃 잃은 새들의 목갈린 부름이여
> 차라리 모자를 벗어들고 거리를 거닐었으면
> 생각은 문득 비오는 거리로 날개짓하건만
> 근심 많은 고향에로의 마음은 바위같이 무겁기만 하구나.

> 이밤엔 어떤 험악한 손길이 고향을 덮고 있을까
>
> 깊은 고독은 나를 붙들고 놓아주지 않을 때
>
> 다시 빗방울 듣는 창문가에서 고향을 향해
>
> 답답한 앞가슴 지긋이 눌러본다.

―「고향을 향해」끝 4~5연

밤비가 향수를 싹트게 하는데, 자신의 고향을 생각할 때 화자의 마음은 바위와 같이 무겁다. 어떤 험악한 손길이 고향을 덮고 있기 때문이다. 그로 인해 화자는 깊은 고독에 빠진다. 답답한 앞가슴을 지그시 누르며 저녁 안개에 싸여 가는 묘비 같은 외로움을 느낀다. 그것은 깃 잃은 새들의 목갈린 부름으로 비유된다.

황순원의 이와 같은 시적 울한은 1930년대 중반에 그가 현실적으로 겪었던 자전적 체험에서 근거하였을 것이다. 시기적으로 보면 시집 『골동품』 발간을 전후한 시기다. 이와 같은 현실적 속박 속에서 그가 골동품적 세계로 접근해 갔다는 것은 흥미로운 일이다. 『방가』와 『공간』의 시적 세계는 깊은 상호 관련이 있으며, 그 양자 사이에 존재하는 것이 『골동품』의 세계이다. 그것은 세상을 향한 부르짖음의 변용과정을 드러내 준다. 이 점에서 황순원은 내성적 인간이다. 고향을 그리워하는 여러 시편에서 읽을 수 있는 향수는 윤동주의 일면을 연상시킨다. 그러나 황순원의 내성적인 열정은 문학적 자기 승화로 집중된다. 외유내강으로의 문학적 변신은 서정적 부드러움 밑에 굳고 단단함으로 응결된다. 뜨거운 부르짖음이 시의 표면에서 사라졌다고 해도 열정 그 자체가 식어 버린 것은 아니다. 오히려 내면에서 뜨겁게 가열된다. 소설로의 방향 전환이 그것이다. 소설로의 전환 이후 그의 작품 표면에서 가열된 현실 의식은 제거된다. 감정의 직설적인 토로보다는 문학으로서의 예술성에 심혈을 기울인다. 바로 여기에 예술과 행동 사이의 심연이 도사리고 있었을 것이리라. 그리고 반세기가 넘도록 지속적으로 축적시켜 이룩한 황순원 문학의 거대한 열정의 비밀이 여기에 숨겨져 있으리라.

1940년 황순원은 『황순원단편집(黃順元短篇集)』(후에 『늪』으로 개제)을 간행하면서 소설가로의 변신을 구체적으로 보여준다. 그렇다고 그가 완전히 시작을 중단한 것은 아니다. 단속적으로 시를 발표하면서 그의 문학적 열정은 소설 속에 용해된다. 1941년 2월에는 초기의 대표작 「별」을, 1942년 3월에는 「그늘」을 발표한다. 그러나 태평양 전쟁의 발발(1941. 12)과 더불어 일제의 식민지 정책은 극도로 강화된다. 「그늘」 이후 한글 말살 정책에 의하여 작품을 발표할 길이 막힌다. 일본어가 국어가 된 것이다. 모국어마저 강탈당한 어려운 현실에서도 그는 발표할 길 없는 작품들을 쓴다. 1943년 9월에는 평양에서 향리인 빙장리(氷庄里)로 소개한다. 이 시기의 작품들이 「기러기」, 「병든 나비」, 「황노인」, 「노새」, 「독짓는 늙은이」 등의 단편들이다.

강제 징용을 피하는 것은 물론이거니와 당시 금지된 조선말로 작품을 쓴다는 것 자체만으로도 신변의 위험을 느껴야 했던 시절, 그의 이와 같은 작가적 자세는 그의 문학을 가늠하는 데 있어서 깊이 음미되어야 할 그늘진 부분이다. 친일과 변절의 시대를 산다는 것은 고통스러운 일이다. 더욱 고통스러운 일은 시인이나 작가가 그의 모국어를 빼앗기는 것이며, 한층 더 고통스러운 일은 이 고통스러운 시대를 살면서 발표할 길 없는 작품을 글로 써서 모국어를 지킨다는 사실이다.

해방 이후 「문학자의 자기비판」(『우리 文學』, 1946.2)에서 이태준(李泰俊)의 "내가 8·15 이전에 가장 위협을 느낀 것은 문학보다 문화요, 문화보다 언어였읍니다. 작품이니 내용이니는 둘째 셋째 가는 문제이고, 말이 없어지는 위기가 아니었읍니까?"라는 발언과 김사량(金史良)의 "만약 붓을 표면에서는 꺾었으나 그래도 골방 속으로 책상을 가지고 들어가 그냥 끊임없이 창작의 붓을 들었던 이가 있다면 우리는 그 앞에 모자를 벗지 않을 수가 없읍니다"라는 발언을 깊이 있게 천착해야 할 것이다. 모국어를 지킨다는 것과 발표할 길 없는 작품들을 골방 속에서 쓴다는 것은 식민지 시대 말기의 어두운 정신사적 아픔을 새롭게 도출시키는 명제일 것이다.

1945년 8월 해방의 그날을 맞이하자 황순원의 시는 세 번째 단계인『목탄화』시대에 돌입한다. 짓눌렸던 일제의 질곡으로부터 벗어난 그날, 의외로 황순원 문학은 감격 시대로 돌입하지 않는다. 민족 모두가 환희와 흥분에 젖어 있는 시기에 골방 속에서 모국어로 작품을 비밀리에 써왔던 그이기에 결코 엄청난 시대사적 격랑에 휩쓸리지 않는다.

> 부르는 이 없어도
> 찾아나서면
> 모두 내 사람뿐이오.
>
> 예와 다름없는 거리의 얼굴들이
> 왜 이다지 반가웁겠소
> 어느 유순한 짐승처럼
> 비릿하고 찝찔한 거리의 몸내음이
> 왜 이처럼 그리웁겠소.
>
> ―「그날」제1~2연

이 담담한 시가 해방의 그날을 노래했다고는 믿기지 않는다. 모두가 소리 높여 해방의 기쁨을 노래하지 않았던가. 화자가 비릿하고 찝찔한 거리의 몸 내음을 느낀다는 것 외에 이 시의 표면에서 우리는 해방의 기쁨을 말한 구체적인 표현을 찾을 수 없다. 예와 다름없지만 반가운 거리의 얼굴들, 그리고 그리운 몸 내음 등은 감격을 노래한 것이라 보기 어렵다.

그러나 우리가 눈여겨보아야 할 것은 시의 표면에 나타나지 않은 절제력이다. 덤덤하고 무심해 보이는 시적 진술에서 우리는 흥분을 억제하는 화자의 자제력을 볼 수 있다. 거리의 얼굴들, 거리의 몸 내음들이 모두 내 사람 뿐이라는 시적 진술에서 우리는 다시 한 번 해방의 감격을 마음속으로 다져보는 내면적 인간을 발견하게 된다. 이것은 소극적이고 회피적인 자세가 아니다. 여기에는 격동하는 한국 현대사를 지혜롭게 통찰하는 황순원적 혜안이 숨겨져 있는지도 모른다. 쉽게 흥분하고 쉽게 잊어버리는 시대사적 전개의 악순환을 그는 이미 깊이 간파하였던 것이다.

호박 광주릴 인 촌아주머니는
호박처럼 복스런
막내딸이라도 낳게 해줍쇼
무우 지겔 진 촌아주버니는
무우밑처럼 시원한
만득자라도 보게 해줍쇼.

우리 말과 웃음이 없이도
서로 지나치고 만나느라면
몸내음처럼 체온도 합치는구려
여보시오 국수를 먹고 국서처럼
다같이 명길일 합시다.

부르는 이 없어도

찾아나서면

모두 잊을 뻔한 내 사람뿐이오.

—「그날」끝 1~3연

촌아주머니와 촌아주버니의 소박한 소망을 함께 하면서 친근한 몸 내음을 나누며 체온을 합치시킨 화자는 국수를 먹고 국수처럼 명길일하자고 한다. 질곡의 시대를 보내고 해방의 그날을 맞이한 것처럼 진정한 기쁨의 날을 누리기 위하여, 마지막 시행에서 모두가 잊을 뻔한 내 사람뿐이란 맺음은 해방의 기쁨을 우회적으로 표현한 것이다. 복스런 막내딸이나 시원한 만득자를 바라는 평범한 사람들의 평범한 희망이야말로 최소한의 것이며 최대한의 것이다. 모국어는 물론 생존권까지 빼앗겨 하마터면 모두 잊을 뻔한 사람들이 아닌가. 황순원이 이처럼 본질적이기는 하지만 최소한의 희망과 기쁨으로 감격의 시대인 해방의 기쁨을 노래하고 있다는 것은 단순히 지나쳐갈 일이 아니다. 세상을 향한 부르짖음을 제어하는 극도의 절제력이 배어있다는 점은 그의 앞으로 나아가는 추진력과 함께 다시 확인해 둘 필요가 있다. 고조되었을 때에도 그가 토로한 해방의 기쁨은 다음과 같이 우회적 어법을 빌려 담담하게 표현된다.

아이들이 아침 서리를 밟고

골목 골목의 문을 열어젖히듯

골목을 골목을 뛰쳐나가네.

이제 너희들이 열어 놓은 골목 문으로

너희 어버이들이 다시

거리로 거리로 통하여 나가리.

이제 그냥 반가웁고 그리운 탓인가

거리 거리에서 남도 친구를 붙잡고

자꾸만 자꾸만 울고픈 동안

너희들은 그저 조선 꽃으로 웃으며

조선 종달새로 노래 부르고

조선 호랑이로 내닫겠구나.

너희들은 또 날이 저물기 전에

골목 골목의 문을 닫듯이

골목을 골목을 뛰쳐 들어오네.

— 「골목」 제1~4연

 울고 싶을 만큼 격양된 반가움이나 그리움도 위의 문면에서 보이는 것처럼 아침에 골목을 뛰쳐나가 놀다가 저녁에 골목을 뛰쳐 들어오는 아이들을 빌려서 표현한다. 이것은 지극히 소극적이라 말할 만하다. 그러나 한편으론 신중하고 조심스럽다고도 할 수 있다. 급변하는 시대적 과도기에 성급한 판단이나 서툰 행동은 자신의 의지와는 전혀 다른 방향으로 삶의 행로를 이끌어 갈 수 있기 때문이다.

 1946년 5월 황순원은 월남을 단행한다. 이것은 그의 인생에서 결정적인 분계선이 되었으리라. 월남 이후 황순원은 본격적으로 소설에 전념한다. 자신의 모든 열정을 창작에 불어놓는 것처럼 1947년부터 다수의 단편을 왕성하게 발표하기 시작하면서, 장편『별과 같이 살다』도 부분적으로 선보이기 시작한다. 물론 시 작품이 완전히 중단된 것은 아니지만 산발적으로 발표된다. 저간의 사정이 구체적으로 드러난 바는 없지만, 적어도 작품의 질이나 양에 있어서 그가 압도적으로 소설 창작에 기울어졌다는 사실은 확실하다.

1950년 6·25 동란이 발발하고 부산 피난 생활을 겪은 다음, 1953년 8월에 환도 후『카인의 후예(後裔)』,『인간접목(人間接木)』등의 장편소설을 발표하여 황순원은 장편 작가로서 자신의 위치를 확고하게 한다. 해방 이후 1960년의 장편소설『나무들 비탈에 서다』에 이르기까지 그의 문학적 세계는 청교도적인 금욕주의와 예술적 자기완성이란 명제로 집약될 수 있을 것 같다. 감격의 시대에 격정을 겉으로 드러내지 않으면서 엄한 절제력으로 이 시대를 넘어설 수 있었다는 것은 식민지 시대에 금지된 모국어로 발표할 길 없는 작품들을 썼다는 사실과 깊은 관계를 지닌다고 할 수 있다. 고향을 버리고 월남한 그가「향수」란 표제의 시를 다음과 같이 쓸 수 있었다는 것은 흥미로운 사실이다.

밀밭 속엔
네 옷고름이 있다네

밀밭 속엔
네 몸 내음이 있다네

까투리마냥
기쟈 기쟈

밀밭 속

종다리 집이

새끼를 쳐 날던 날

밀밭 속엔

우리의 이별이 있었다네

밀밭 속엔

밀밭 속엔.

— 「향수」 전문

이 시에서 말하는 향수는 구체적인 대상을 향하는 것이 아니다. 『공간』 시편에서처럼 이역의 하늘 아래서 그리워하던 실제적인 고향이 아니다. 밀밭의 무성함을 보면서 느끼는 형언 못할 그리움이다. 아련한 기억의 파편들이 기저를 이루고 있지만, 이 시의 그리움은 명시적인 대상을 향하고 있지 않다. 이 시의 그리움에 필자가 주목하는 이유는 그가 향리를 떠나 월남했다는 개인적 사실과 향수를 관련시켜 보기 때문이다. 으레 북에 두고 온 고향을 그리워하기 마련일 터인데 그의 시에서 이런 흔적을 구체적으로 찾기 어렵다는 사실에 이 시의 묘미가 있다. 이 시와 같은 시기에 씌어진 「제주 돗말」과 같은 작품에서는 『골동품』과 유사한 시적 기지를 볼 수 있는데, 이 『목탄화』의 시편들이 은연중에 『골동품』과 유사할 뿐 아니라 그 연장선에 놓인다는 점에서 우리는 황순원 문학의 극기적 지층을 읽을 수 있을 것이다. 현실의 압력이 가중될수록 시대의 파도가 거세질수록 그는 문학의 본질이 침잠 속에서 자기완성을 추구하는 구도적 길을 전진시켜 왔다고 하겠다.

1950년 『나무들 비탈에 서다』를 시발로 하여 1960년대 이후 황순원 문학은 본격적인 장편소설의 시대를 맞이한다. 그의 대표적인 작품으로 지칭되는 『일월(日月)』과 『움직이는 성(城)』이 씌어진 것이 1960년대이며, 1970년대에 들어서 『신(神)의 주사위』가 계속된다. 장편이 창작되는 사이사이에 다수의 단편들이 발표되며, 그의 시작 활동은 상대적으로 위축된다. 60년대를 지나 70년대에 이르면서 황순원의 소설은 한국문단 정상에 독보적인 위치를 차지하였으며, 『신들의 주사위』가 완간된 80년대 초에 이르러 그의 소설에는 커다란 단락이 마련된다. 이것은 그의 소설이 완료되었다는 것과는 다르다. 그의 문학이 마무리되었다는 말은 더욱 아니다. 60년대를 거의 빈 공간으로 남겨 두고 지나온 그의 시적 역정은 80년대 초에 들어서서 깊은 원숙성으로 왕성하게 뻗어나간다.

『세월』이라 제한 다섯 번째 묶음이 『목탄화』 이후 84년 10월 『기운다는 것』까지의 시편들이다. 60년부터 74년까지 약 15년의 공백을 딛고 씌어진 것 중의 하나가 1974년 3월 『현대문학』에 발표된 「초상화(肖像畵)」이다.

  45도쯤 옆얼굴로 하여 한쪽 귀는 드러나지 않아도 무방할 거야, 한 귀로도 아직은 넉넉히 온갖 소리 가려듣기에 별 불편 없을 거야.

  눈에다는 어떠한 종류의 안경도 끼워선 안 되지, 이제는 무딘 안경 아주 침침해졌지만 진정 봐야 할 것은 어차피 육안만으로 대중 안 되는 것.

  좀 더 얇아져라 입술은 차라리 꽃이파리처럼, 그만큼 차갑게.

코허리에 지어진 턱, 젊은 날 자랑스런 혈기가 남긴 기념물.

흉헙게 골 패인 이마와 덧없이 수염발 희끗거리는 하관의 흔적들은 설움처럼 평생을 벗해온 술의 장난.

이 어줍잖은 얼굴을 기웅둥 받쳐든 가난한 목이건만, 어떠랴 어떠랴, 목밑 갈빗대 사이에 끼는 때를 가리기 위해 옷 따위를 걸치게 해서는 안될 거야.
― 「초상화」 전문

이 사실적인 소묘시에서 우리는 지나간 삶을 반추해 보는 노년의 화자를 만날 수 있다. 「초상화」를 쓴 시기가 우연히도 황순원의 갑년이다. 이 시는 외적인 묘사로 일관하지만 갑년을 맞이한 그의 내심의 목소리도 전하고 있다. 귀, 눈, 입, 코로 시작하여 이마와 하관의 모습과 이 모두를 받쳐 든 목까지 그리고 있는 이 시는 육안으로 대충 안 되는 진정 보아야 할 것을 보려 하고, 목 밑 갈빗대 사이에 끼는 때를 가리기 위해 옷 따위를 걸치지 않을 노년의 성숙과 패기가 함께 깃들어 있다.

다시 이 시로부터 3년여의 시간이 지난 다음 「돌」, 「늙는다는 것」, 「고열(高熱)을 앓으며」, 「겨울 풍경(風景)」 등 4편이 1977년 3월 『한국문학』에 발표된다. 이 시편들 모두 늙는다는 것에 지대한 관심을 보여 준다.

눈은 내리고
해거름에서 담배 한대 참은 족히 지나간 시각
철부지 아이들의 떠드는 모양 멀리 물러나고
팔 낀 연인들 어룽히 드러났다 그냥 풀어어드는

뭉크보다 조금은 더 어둑신한 속에

노인이 하나 서 있다

눈은 내리고

— 「겨울 풍경」

　눈이 내리고 있는 저녁 해거름의 어둠 속에서 서 있는 노인은 화자 자신의 모습이다. 해거름에서 담배 한대 참이 족히 지난 시간, 어둠이 짙게 물들어 오는 배경 속에 서 있는 노인은 그 어둠과 일체화된다. 뭉크의 그림처럼 약간 흐릿한 경계선으로 해체된 구도이다. 이 시는 배경이 시사하는 것처럼 어둡다. 철부지 아이들의 모양도 물러나고 팔 낀 연인들의 모습도 풀려져 노인 한 사람만 서 있는 겨울 풍경화이다. 그것은 한쪽으로는 죽음의 어둠이 가까이 다가오는 것을 반영하는 황순원 자신이 지닌 내면 의식의 그림자이기도 하다. 이 시에 뒤이어 『현대문학』 4월호에 황순원은 「링컨이 숨진 집을 나와」란 시를 발표한다.

여윈 구레나룻의 링컨이

흰 칠판에다 흰 분필로 무엇인가 썼다

나에겐 글자가 보이지 않았다

그는 나를 향해 조용히

아주 조용히 슬픈 빛을 띠었다

여윈 구레나룻의 링컨이

검은 칠판에다 검은 분필로 무엇인가 썼다

나는 여전히 판독할 수 없었다

그는 나를 향해 조용히

아주 조용히 슬픈 빛을 띠었다

그 슬픈 빛이 자꾸만 나를 따라왔다

내 나라로 따라오고 내 안방까지 따라왔다

— 「링컨이 숨진 집을 나와」 전문

  링컨이 쓴 해독할 수 없는 글자가 과연 무엇일까. 그것은 알 수 없는 꿈 속에서의 전언일 것이다. 이 시의 화자가 링컨이 숨진 집에서 받은 강한 충격 때문에 꿈속에서 보이지 않는 글자를 보았을 것이다. 흰 칠판에 쓴 흰 글씨가 검은 칠판에 쓴 검은 글씨 모두를 화자는 해독할 수 없다. 그것은 살아 있는 자의 글씨이며 동시에 죽어 있는 자의 글씨이다. 링컨이 목숨을 걸어서 지키고자 하였던 것을 쓴 글씨일 것이다. 글씨를 알아보지 못하는 화자의 안방까지 따라온 링컨의 슬픈 얼굴빛은 화자가 처한 현실적 상황의 부조리로 인해 일어나는 공감이다. 시의 문면에서는 판독할 수 없다고 하였지만 이 시의 화자가 그것을 전혀 알지 못하는 것은 아니다. 그가 판독할 수 없는 글씨야말로 링컨이 그의 나라 안방에까지 따라와 전하는 그 혼자만 아는 내밀한 진실일 것이다. 링컨이 숨진 집에서 화자는 왜 그와 같이 강한 인상을 받았을까. 우리는 인종적 평등을 구현시킨 노예 해방이나 민주주의의 이념을 드높인 링컨의 게티즈버그 연설을 연상할 수 있다. 화자가 판독할 수 없는 글씨는 바로 그런 내용일 것이다.

  그런데 화자는 현실적으로 링컨과 같은 결단을 취할 수 없다. 그러므로 내 나라, 내 안방까지 따라오는 슬픈 빛을 마음 깊이 받아들이게 된다. 여기서 우리는 첫 시집 『방가』의 격정적인 부르짖음을 다시 생각하게 된다. 「1933년의 수레바퀴」와 같은 시에서 읽을 수 있었던 고조된 음성이 순화되어 가라앉아 있음을 이 시의 어조에서 느낄 수 있다. 이와 같은 현실 대응 방법은 시집 『골동품』 이후 50년 동안 그가 일관하여 지켜온 삶의 자세였으며, 우리가 이것을 결코 소극적 순응주의나 현실 도피라고 말할 수 없는 것은 전 기간을 통하여 그가 이룩한 거대한 황순원 문학의 총체성이 지니는 문학적 긴장감 때문이다.

겉으로 드러나는 격한 감정이 문제가 아니다. 우리 근대사의 주류처럼 되어 버린 서투른 행동주의가 빚어낸 우발적인 자가당착을 돌이켜 생각해 보자. 황순원의 시적 전개 과정을 열정에서 원숙으로 향하는 자기완성이라고 할 때, 격한 정서의 심화는 필연적으로 요청되는 명제이다. 시집 『방가』로부터 『세월』 시편에 속하는 「링컨이 숨진 집을 나와」와 같은 시로 연결되는 그의 문학적 흐름은 바로 이 방향성을 대변하는 것이라 해도 과언이 아니다.

이 시를 발표한 다음 다시 7년간의 시적 침묵이 계속된다. 그러다가 그의 한층 깊은 시적 진수를 드러내 보이는 작품이 발표된 것은 84년 3월부터이다. 장편 「신들의 주사위」를 완료한 다음 계속하여 집중적으로 시를 발표한다. 이를 두고 우리는 그의 문학의 원점 회귀를 말할 수 있으나 중요한 것은 양식상의 문제가 아니다. 그의 시는 앞의 시들과 연속성을 지니면서 원숙성이나 깊이에서 더 높은 차원에 도달한다.

> 어머니가 김을 매는 조밭머리 긴긴 한여름 뙤약볕 속에 혼자 메뚜기와 놀던 다섯 살짜리 아이가, 눈이 좀 어두운 어머니의 길잡이로 말승냥이 늘쌍 떠나지 않는다는 함박골을 앞장서 외가에 오가던 다섯 살짜리 아이가, 장차 어떻게 살아가나 어머니가 짐짓 걱정할라치면 나귀로 장사해서 돈을 많이 벌겠다던 다섯 살짜리 아이가, 기미운동으로 옥살이하는 아버지를 힘들여 면회 가선 내내 어머니 젖가슴만 더듬었네. 불도 켜 있지 않은데 눈이 부셔부셔 아버지가 눈부셔 바로

쳐다볼 수가 없었네. 지금은 일흔 살짜리 아이가 되어 이 추운 거리 다시 번 아버지를 면회 가서 당신의 젖가슴을 더듬어 봤으면, 어머님이여 나의 어머님이여.
— 「우리들의 세월」 전문

다섯 살짜리 아이와 일흔 살짜리 아이의 대비에는 65년간의 지나간 우리들의 삶이 담겨 있다. 그것은 지극히 개인적인 일일 수 있다. 좀 더 확대하더라도 한 가족의 이야기일 뿐이다. 황순원의 연보를 읽어보면, 이 일이 거의 그대로 자신이 실제로 겪었던 이야기임을 알 수 있다. 그럼에도 시인은 표나게 「우리들의 세월」이라고 했다. 그것은 한 단위의 가족이나 한 개인만의 일이 아니라는 뜻이다. 이 시를 정신분석학적으로 읽자면, 시인이 어렸을 때 어머니와 평화롭게 지낸 것은 아버지가 감옥에 가 어머니를 혼자 독점할 수 있었기 때문이라고 한 김현의 해석은 지나치게 일면적이다. 물론 화자는 따뜻함과 부드러움을 갈구한다. 그러나 그것은 어머니를 독점할 수 있었기 때문만은 아니다.

필자가 주목하고자 하는 시행은 "불도 켜 있지 않은데 눈이 부셔부셔 아버지가 눈부셔 바로 쳐다볼 수 없었네"이다. 왜 아버지가 그토록 눈부셨을까. 그것은 기미운동으로 옥살이를 하고 있었기 때문이다. 다섯 살짜리 아이가 이제 일흔 살짜리 아이가 되어 어머니의 젖가슴을 만지고 싶다고 하여, 그 젖가슴을 만지는 손끝이 죽음의 한 끝을 만지는 의식의 일단을 드러낸 것으로 인식될 수도 있다고 하여 눈부신 아버지가 뿜어내는 휘황한 빛을 간과할 수는 없다. 세상에서의 고통스러움이 거리의 추위로 표현된다. 이 거리의 추위는 오직 일흔 살짜리 아이만의 것이 아니다. 추위는 우리 모두의 것이며 일흔 살짜리 아이가 살아온 지나간 시간들은 물론 우리들의 세월이 머금고 있는 고통스러웠던 삶을 뜻한다. 이 시는 「링컨이 숨진 집을 나와」와 깊은 상관성을 갖는다. 『방가』로부터 『세월』 시편으로 이어지는 황순원 시의 도도한 저류를 우리는 암살당한 링컨과 감옥살이하던 아버지의 심상에서 확인해 볼 수 있을 것이다. 달리 표명하자면 그것은 조국과 민족의 진로를 비추는 신성한 힘에 대한 역사의식이 그의 문학적 심층에 흐르고 있다는 사실을 예증한다. 『방가』 이후 쉽게 표면에 드러나지 않았던 그의 문학적 추진력의 비의가 이 신성한 힘으로부터 뻗어 나온 역사의식에 잠복되어 있으리라 필자는 믿는다. 열정에서 완숙에로의 문학적 도정을 일관하는 정신이 바로 여기에 있었다는 사실을 결코 우리는 간과해서는 안 될 것이다. 그가 이 흐름에서 더 멀리 나아갈 때 그는 인간 존재의 궁극적인 문제인 죽음의 문턱에 이르게 된다.

간밤에 나는 밤새도록 꼬박
얼굴이 없는 사나이와 노름을 했다

— 「도박」 제1~2행

이 시의 화자는 인생을 도박에 비유한다. 얼굴이 없는 사나이는 자신의 인생 전체를 반영하는 분신을 드러내는 의식의 그림자이다. 이 시에 나타나고 있는 사나이는 얼굴이 없을 것이다. 왜냐하면 살아 있는 자가 스스로의 죽음을 의식하여, 의식된 사나이이기 때문이다.

예전에 도스토예프스키가 밑천이 떨어지자 갓 결혼한 아내의 패물을 처분했던 것을 예로 들면서 화자도 어렵지 않게 정년 퇴직금을 들이대어 도박을 하였으나 그 역시 새벽녘이 되자 깡그리 날려 버린다.

얼굴이 없는 사나이와 나는 쉬 다시 만나

한판 또 붙자고 악수를 나눈 뒤 헤어졌다

다음 밑천으론 내 아직 연연해 있는

마지막 세상적인 것을 몽땅 디밀 참이다

얼굴이 없는 사나이가 앉았던 자리에

내 데드 마스크가 빙긋이 웃고 있었다

—「도박」끝 제12~17행

  화자가 아직도 연연해 있는 마지막 세상적인 것이란 자신의 생명일 터이다. 자신의 목숨마저 디밀려 하는 화자가 마주친 데스마스크의 웃음은 이제 황순원의 시가 드러내 주는 아득한 끝이다. 도박으로 은유된 그의 문자 행위 전체는 물론이요 생명까지도 걸려고 하는 찰나에 만나는 데스마스크인 것이다. 여기서 흥미로운 것은 자신의 데스마스크가 얼굴 없는 사나이의 얼굴이 바로 자신의 데스마스크라는 것이다. 화자는 밤새 꿈속에서 한 사나이와 만나서 삶과 죽음을 걸고 도박을 한다. 죽음의 저편에서, 아마도 무의식의 심연 저편에서, 찾아온 사나이가 사라진 다음에 그의 빈 자리에 웃고 있는 자신의 데스마스크는 삶과 죽음을 접합시켜준다. 그리고 오직 하나의 얼굴을 지닌 일관된 삶을 견지한 자의 죽음을 느끼게 한다.

  아마도 그것은 그의 소설로 쉽게 드러내기에는 불가능한 무의식의 심연을 비추는 의식의 그림자일 것이다. 이 점에서 본다면 그가 본질적으로 하나의 얼굴을 지닌 시인이라는 사실을 다시 한 번 되새겨 볼 필요가 있다. 격정적인 부르짖음에서 출발한 그의 문학이 그렇고, 이제 80년대에 들어서 왕성하게 발표되는 시편들이 그러하며, 나아가서는 개결(介潔)한 자세로 문학적 생애를 일관할 수 있었다는 점에서도 그렇다. 작가는 그럴 수 없다는 말이 아니다. 서정 양식이 본질적으로 지닌 주관성과 완결성이란 점에서 그의 삶과 문학은 표리일체가 되어 커다란 통일성을 지닌다는 뜻이다.

「도박」 이후에 발표된 그의 시 「고백」을 읽어 보면 그가 서정적 인간이란 점이 더욱 분명해진다.

> 이참에 내 그대한테만 고백함세
> 그토록 내가 술을 마셔 오는 건
> 단 한마디의 말 때문이라네
> 네 이웃을 네 몸과 같이 사랑하라
> 처음부터 두렵고 고통스런 말로
> 나를 붙들고 놓아주질 않는다네
> 이 심약한 위인은 차마 이를 어쩌지 못해
> 술도 피해 다니고 있는 거라네
> 아니 이참에 내 그대한테만 마저 다 고백함세
> 실은 그 말이 나를 붙들고 있는 게 아니라
> 정말 이건 비밀일세
> 되레 내가 그 말을 놓칠가 겁이 나서
> 그래서 술을 이제까지 마셔 오고 있는 걸세
> 이런 나더러 애주가라니!
>
> ―「고백(告白)」 끝 10~23행

남들이 자기 보고 애주가라는 것은 가당찮은 말이고, 자신이 술을 마시는 이유는 네 이웃을 네 몸과 같이 사랑하라는 처음부터 두렵고 고통스러운 말을 피해가기 위해서 술을 마신다는 것이다.

그 고통스러운 말을 피해 다니던 그가 이제는 오히려 그 말을 놓칠까 겁이 나서 술을 마신다는 것이다. 두렵고 고통스러워 피하고 싶기는 하지만 결코 피할 수 없는 말, 아니 놓칠까 겁이 나는 말이 사실은 그의 문학을 지탱시켜 준 핵심일지도 모른다. 이와 같은 방식으로 고백하는 그의 어법에서 느낄 수 있는 것은 이 시의 서두에서 스스로 심약한 위인이라 자칭한 화자가 서정적 인간이란 점이다.

그렇다 하더라도 우리는 그의 고백 그대로 진정 그가 심약하리라고 생각해서는 안 될 것이다. 이 글의 서두에서 인용한 시 「기운다는 것」에서 읽을 수 있는 것처럼 그는 아직도 쓰러져야 할 때는 자신의 몸짓으로 쓰러지겠다고 말할 만큼, 말을 바꾸면 더 크고 노성함을 이루어 내겠다는 열정을 갖고 있다는 사실을 간과할 수 없다. 지난여름 두 달여의 해외여행에서 돌아온 그에게서 피로감이 아니라 오히려 신선한 힘을 느낄 수 있었던 것처럼 앞으로의 문학적 전진에 대해 그는 아직도 여유와 자신감에 넘쳐 있다고 하겠다.

3. 도도한 문학적 일관성

황순원의 문학 전체를 상량해 볼 때 그의 서정 시편들은 매우 미미한 것처럼 보인다. 소설에 곁붙어 있는 것이 그의 시일 것이라 지레 짐작하기 쉽다. 그러나 위에서 검토한 것처럼 50여 년에 걸친 그의 문학적 변모와 완숙의 과정이 그의 시들에서처럼 잘 드러난 예는 없다.

내 가슴속은 묘지
묘지기는 나.

내게 한끝 줄을 남기고 간 이들을
나는 내 가슴 속 묘지 안에
부활시켜 놓는다.

나는 죽음에 대한 얘기가 듣고 싶은데
그들은 자꾸 어떻게 사느냐는 얘기만 한다.

— 「밀어(密語)」 전문

이 시의 화자가 그의 가슴속에 부활시켜 놓은 죽은 이들처럼 우리도 이 시인에게 어떻게 사느냐는 얘기만 듣고 싶어 하는지 모른다. 죽은 사람들을 부활시켜 놓고 있는 가슴속에서 들려오는 목소리로 기록된 그의 시들은 그가 우리에게 전하는 뜻 깊은 밀어일 것이다. 필자는 황순원의 시들이 바로 이 밀어일 것이라고 생각한다. 그가 조선어 말살의 시대에 발표할 길 없는 작품을 썼던 것처럼 그의 가슴속에서 들려오는 밀어 그대로가 그의 시라는 것이다.

격동하는 시대사의 소용돌이 속에서도 흔들림 없이 이룩한 거대한 황순원 문학의 전체성도 그의 가슴속에 뜨거운 밀어가 살아 있었기 때문이다. 시대의 전면으로 성급하게 뛰어나가는 겉으로 드러난 과격함이란 그의 높은 문학적 산맥에서 비교해 본다면 벌거벗은 민둥산과 같은 것이리라.

황순원이 일생 동안 지켜온 청교도적 금욕주의는 세상을 향한 뜨거운 부르짖음을 순화시켜 고차적인 문학에 도달하게 하였으며, 그의 문학을 관통하는 저류로서 신성하고 휘황한 아버지에 대한 심상은 그의 문학을 의연하고 당당한 것으로 만들었다고 여겨진다. 엘리엇은 어디에선가 이류 시인을 구분하는 기준으로 지속성과 일관성 여부를 논한 바 있다. 소설과 시 전체를 통괄하여 흘러오는 도도한 문학적 일관성이야말로 황순원이 한국 문단 정상에 위치한 일류 문인임을 입증하는 증거일 것이다.

다섯 살짜리 아이가 감옥살이하는 아버지를 어머니와 면회 가서 보았던 휘황한 빛은 식민지 시대를 넘어서 그리고 해방 이후의 격동하는 시대를 넘어서 일흔 살짜리 아이가 되어 우리들의 세월을 말하는 노대가의 목소리로 내밀하게 울려온다. 모국어를 버렸던 김사량이 골방 속에서 창작의 붓을 든 이에게 모자를 벗지 않을 수 없다고 했던 고통스러운 시대를 살아온 우리들의 세월을 황순원의 시는 든든하게 지켜 주었다. 피사의 사탑이 쓰러지더라도 그의 문학은 쓰러지지 않는 거목처럼 자신을 지킬 것이다. 다른 모든 것이 세파에 스쳐 사라질지라도 언제고 잊지 못할 영원한 꿈처럼. (1984)

제3부

황순원의 「소나기」와 단ㄴ편소설에 대하여

장편 『별과 같이 살다』와 상징적 여성성

황순원의 「소나기」와 단편소설에 대하여

1. 작가의 삶과 작품의 상관성

　문학 작품과 작자를 구별하여 논하는 것이 합리적이라는 주장이 일견 설득력 있는 것처럼 들린다. 작가가 장애물처럼 독자의 시선을 가리게 된다면 작품을 제대로 파악할 수 없다는 것이다. 필자도 이에 공감하며 작가의 일상적인 삶이나 개인적인 발언들이 작품을 해석하는데 결정적인 의미를 갖기는 어렵다고 생각하여 왔다.

　그러나 황순원의 문학을 생각해 볼 때 과연 그러할까 하는 의문이 새롭게 떠오른다. 17세부터 시를 발표하기 시작하여 서정시에서 단편소설로, 단편소설에서 장편소설의 작가로 자기 세계를 확장하면서 오십 년이 넘는 세월을 문학과 함께 살아온 그에게 삶과 문학의 구별이란 거추장스러운 이분법이란 생각이 든다. 그것은 단순히 반세기가 넘는 그의 문학적 연륜 때문만이 아니다. 황순원이 일관하며 추구한 세계가 문학의 아름다움을 통해 삶의 진실을 드러내고자 하였다는 사실에서 우리는 삶과 문학을 구분하기 어렵다는 근본적인 이유를 발견하게 된다. 진실이 담기지 않은 아름다움은 장식적인 것이 되기 쉽다. 장식적인 문학이란 쉽게 식상해버리거나 빨리 변색해버리는 음식과 같은 것이리라.

 황순원 문학이 지닌 생명력이란 진실이 담긴 아름다움이며, 그것은 아름다움으로 형상화된 진실에서 우러나오는 문학적 생명력일 터이다. 그것은 그가 호흡하고 살았던 지난 칠십여 년의 가난한 삶 속에서 배태되고 음미되며 그리고 성숙된 세계인 것이다. 어떤 작가도 자기가 살았던 시대와 무관할 수 없다. 우리의 근대사를 소용돌이친 거센 격랑의 시대를 살면서도 황순원이 이룩한 문학적 산맥은 삶의 진실과 문학적 아름다움을 한층 높은 차원에서 승화시키려 혼신의 노력을 기울였던 작가적 역량에 의해서 가능했던 것이 아닐까 한다.

2. 두 가지 사건과 이상주의

 황순원의 지금까지의 생애를 돌이켜 볼 때 인상적으로 떠오르는 것은 적어도 두 가지 사건이다. 하나는 식민지시대 말기에 발표할 길 없는 작품을 골방에서 모국어로 썼었다는 사실이며, 다른 하나는 해방에 뒤이어 신변의 위협을 느껴 월남한 그가 6·25동란으로 인해 부산에서 피난민 생활을 겪어야 했다는 사실이다. 이와 같은 체험은 그에게만 있었던 것은 아니다. 당대를 살았던 모든 한국인들이 겪어야 했던 시련에 가득 찬 사람의 도정이다. 그러나 황순원의 삶이 유독 두드러져 보이는 것은 그가 이와 같은 외적 상황의 전개에도 불구하고 조금도 흔들림 없이 자신의 삶과 문학을 가꾸어 왔다는 점이다. 역경은 인간을 강하게 만든다. 황순원에게 가해진 어떤 역경보다 강한 것은 그가 지닌 휴머니즘 정신이었다고 할 수 있다. 외적인 충격으로 여러 가지 흔들림이 있었음에도 불구하고 그의 문학을 저류하는 바윗덩어리와 같은 정신은 휴머니즘에 바탕을 둔 문학적 자기완성이라고 할 것이다. 그의 휴머니즘은 속악한 현실과 결코 타협할 수 없는 이상주의자가 지닌 개결한 품성과 같은 것이라 느껴진다.

1941년에 발표된 「별」에서 죽은 어머니를 아름답게 상상하는 소년의 동경이 실제로 어머니와 닮은 누이가 결코 죽은 어머니와 동일시될 수 없다는 완강한 심리적 갈등으로 전개될 때 결코 타협할 수 없는 이상주의자의 모습을 우리는 확인할 수 있다. 시집간 누이가 죽었다는 소식을 듣고 그 죽음을 슬퍼하면서도 아무래도 누이는 어머니와 같은 아름다운 별이 되어서는 안 된다고 머리를 옆으로 저으며 눈을 감아 눈 속의 별을 내모는 소년의 심리는 결코 어중간한 타협으로 작품을 마무리하지 않는 작가정신의 표현일 터이다. 소년이 누이와 어머니를 동일시하지 않는다고 해서 누이의 죽음을 슬퍼하지 않는 것은 아니다. 아마도 소년은 누이의 죽음에 대한 슬픔보다도 어머니로 표징되는 아름다운 별에 대한 꿈을 더욱 아름답게 지니고 있었을 것이다. 슬픔으로 모든 것을 희석시키는 범속한 감상주의를 벗어나고 있음을 이 작품은 소년의 심리적 갈등을 통해 보여준다. 소년의 갈등이 심화될수록 밤하늘의 별도 더욱 아름답게 반짝일 것이 아닌가.

향리 빙장리로 징용을 피해 간 1944년 가을에 쓴 것으로 여겨지는 「독 짓는 늙은이」에서 우리는 비장한 삶의 모습을 발견할 수 있다. 「별」이 소년의 심리적 갈등을 다루었지만 그것이 동심의 세계인 까닭에 아름답게 느껴진다면, 「독 짓는 늙은이」는 이제 더 이상 독을 지을 수 있는 기력을 상실해 버린 노인, 그리하여 젊은 아내가 어린 아들을 놓아두고 젊은 조수와 도망가 버린 노인의 최후를 그리고 있다는 점에서 사실적이며 비극적으로 느껴진다. 그러나 독 짓는 송영감이 아들의 장래를 위해 당손이를 남의 집 양아들로 주려고 결심하고 자기가 죽었다고 말하게 하는 장면은 그가 지은 독이 가마 속에서 터지는 것처럼 비장감을 느끼게 한다. 그리고 거기에는 비극적이기는 하지만 자기완성의 어떤 엄격성마저 배어 있는 것이라 판단된다. 이미 모든 것을 상실한 송영감이 가마 안쪽으로 기어들어가 터져나간 독 조각 앞에 단정히 무릎 꿇고 앉아 있는 모습은 예인으로서 삶의 자기완성이란 일면을 경건하게 느끼게 한다.

6·25동란 후 부산에서의 피난 생활이 어떠했는가는 1951년 오월에 쓰여진 「곡예사(曲藝師)」를 읽으면 분명히 알 수 있다. 방 한칸을 마련하기 위한 그들 일가의 노력이란 실로 고심참담한 것이었다. 아마도 1950년 가을에서 1951년 봄으로 넘어가는 즈음에 황순원 일가가 겪어야 했던 자전적인 체험의 일부가 「곡예사」에 반영되어 있었으리라. 자기 자신을 좀처럼 드러내기 싫어하는 그가 이와 같이 직설적인 형태로 자전적 체험의 어떤 면을 드러내고 있다는 점은 놀라운 일이거니와 한층 더 관심이 가는 것은 그가 이 시기에 「소나기」(52년 시월)와 「학(鶴)」(53년 정월)과 같은 작품을 썼다는 사실이다. 맑고 아름다운 정감의 세계가 현실에서 겪어야 했던 구차할 정도의 고통스러운 삶 속에서 형상화되었다는 사실은 그의 이상주의의 드높은 승리인 동시에 무엇보다 완강한 집념으로 다져진 작가적 의지의 소산이었을 것이다.

3. 비극적 세계와 아름다운 삶의 동경

　황순원의 단편「소나기」는 이제 작가 개인의 작품이라 할 수 없을 만큼 한국인 모두의 것이다. 중등 교육을 받은 거의 모든 한국인들의 마음속에 가장 아름답게 아로새겨진 작품이「소나기」라는 사실에 이의를 제기할 사람은 많지 않을 것이다. 필자 자신도 20여 년 전에 읽었던「소나기」에 대한 아련한 추억을 갖고 있다. 추억은 아름답다. 그러나 그 작품 속에 담긴 정갈하고 맑은 세계는 아름다운 세계를 영원한 것으로 만들어 준다.「소나기」는 황순원의 대표작이라 할 수는 없다. 그럼에도「소나기」와 더불어 황순원의 삶과 문학을 떠올리게 될 때 우리는「소나기」가 문학과 삶의 진실을 아름답게 형상화시킨 작품임을 부인하기 어렵다. 아마도 그것은「곡예사」에 기록된 것과 같은 피난시절의 삶 속에서도 티 없이 맑고 순수한 삶에의 동경을 가지고「소나기」를 썼기 때문이다.

　필자는 이 작품을 오래도록 되풀이해 읽으면서 소녀가 던진 조약돌을 주무르던 소년이나, 송아지 잔등에 올라 탄 소년의 자랑스러운 행동이나, 소녀에게 주기 위해 덕쇠 할아버지네 호두송이를 따는 소년을 연상했을 뿐만 아니라, 맑은 개울물에 손을 씻던 소녀와 더불어 산 너머에 가보려다 소나기를 만나 수숫단 속에서 비를 피하던 일 그리고 제사를 지내려고 딴 대추를 소년에게 주던 소녀를 연상했다.

　그러나 이제 새삼스러운 것은 소녀를 업고 개울물을 건너던 일이며, 소녀의 분홍 스웨터에 남긴 검붉은 진흙물의 영상이다. 그 옷을 입은 채로 묻어달라던 소녀의 마지막 부탁을 소년의 부모들의 대화체를 빌려 이 작품을 마무리하는 작가의 솜씨는 동화적인 삽화로 끝나버릴 수도 있는 이 작품에 내적 통일성을 부여하는 높은 안목이다. 소년이 소녀를 등에 업고 갑작스런 소나기로 물이 불은 개울물을 건넌 것은 이승으로부터 저승으로의 건넘이며 그 징표가 소녀의 분홍 스웨터에 검붉은 진흙물로 남겨진 것이리라. 이 검붉은 진흙물이야말로 살아 있음의 징표이며, 소나기가 남기고 간 흔적이다.

소녀의 죽음으로 이 작품은 불행한 결말에 도달하지만 소나기가 지나간 다음의 청명한 쪽빛 가을하늘과 같은 동심의 세계를 그리고 있기 때문에 결코 비극적으로만 느껴지지 않는다. 어쩌면 그것은 누구나 경험하게 되는 피할 수 없는 인간사일지도 모른다. 아니 좀 더 정확하게 말하자면 여기에는 비극적인 세계에 살며 아름다운 삶의 세계를 동경하는 인간들의 소망이 담겨져 있으리라 생각된다. 이것이 아마 황순원의 작가 정신이며, 그와 같은 작가 정신이 50년이 넘는 그의 작품 세계를 떠받쳐 주었던 것이 아닌가 한다.

거의 같은 시기에 쓰여진 「학」에서의 성삼이가 총살감이라던 덕재를 풀어주며 학 사냥을 하자고 하는 것은 6·25동란을 전후한 극렬한 이데올로기 싸움 속에서도 땅에 뿌리박고 사는 삶의 진실함은 물론 이데올로기를 넘어서는 따뜻한 인간애에 기울이는 작가적 열정을 느낄 수 있다. 「학」의 결말에서 약간의 무리가 느껴진다고 하더라도 성삼이와 덕재가 하나로 맺어지는 삶의 세계를 추구한다는 점에는 흔들림이 없는 것이다. 재니(광대)가 된 옛 동갑나기 친구의 해금소리를 들으며 개울둑 벌거숭이 소년으로 돌아가는 「황노인(黃老人)」의 황노인의 세계는 그대로 「소나기」, 「독 짓는 늙은이」, 「학」으로 이어지는 세계이며, 그것은 필자가 서두에서 말한 대로 황순원의 작품이 문학의 아름다움을 통해 삶의 진실을 추구해왔다는 사실을 입증해 주는 예일 것이다.

식민지시대 말기에 석유 상자 밑이나 다락 구석에 들어 박혀 있을 수밖에 없었던 작품들을 신변의 위협을 무릅쓰고 모국어로 쓰면서 인간에의 애정을 뜨겁게 발화시켜 지난 50년이 넘는 세월 동안 이룩한 황순원 문학은 이제 한국 문학에서 가장 우뚝한 큰 바위 얼굴과 같은 세계를 거느린다고 하지 않을 수 없다.

진실한 것은 아름답다. 아름답고도 진실한 것은 삶과 문학의 일체화가 반세기를 넘어섰을 때, 그 세계를 표징하는 얼굴은 아름답다. 늙어가면서 점점 아름다워지고자 하는 황순원의 문학적 소망이 여기에 있으리라. 이와 더불어 황순원의 단편소설이 지닌 아름다움이란 삶의 파편이나 단순한 조각이 아니다. 거대한 그의 문학적 전체상을 형성하는데 결코 빼놓을 수 없는 가장 완결될 표현중의 하나일 것이다.

> 작가의 의식은 언제나 깨어 있어야 한다. 무의식의 세계를 그릴 때도 작가는 그걸 분명히 인식하고 있어야 한다.

오랫동안의 금기를 깨고 84년 12월에 쓴 산문 「말과 삶과 자유」에서 황순원은 깨어 있어야 하는 작가의 의식을 위와 같이 강조했다. 작가가 그리는 세계는 이처럼 전인적인 의식에 의해 형상화되는 것이다. 황순원의 경우, 서정시는 물론 단편과 장편이 하나로 결집되어 그 문학적 전체상을 이룬다는 사실을 다시 한 번 지적해 두지 않을 수 없다. 그리하여 그의 문학적 전체상을 큰 바위 얼굴과 같은 대가의 모습으로 떠올릴 때 비로소 우리는 늙어가면서 아름다워지려는 그의 바람은 욕망이 아니라 기도이며, 「소나기」와 같은 동심의 세계가 티 없이 맑은 빛으로 문학 전체를 비추어주는 것임을 감지하게 될 것이다. (1986)

장편 소설 『별과 같이 살다』와 상징적 여성성

1. 희생의 제물과 시대의 알레고리

　1945년 해방 직후 평양 정의여중에 교편을 잡고 있던 황순원은 1946년 4월 북한에서 토지개혁이 시작되자 부친이 개간한 토지가 몰수되어 더 이상 북한에 머물 수 없다고 판단하고 1946년 5월 38선을 넘어 월남했다. 월남 후 처남 집을 전전하다가 서울고등학교 교사로 취임하여 사택에 자리 잡는 것은 9월이었다.

　1946년 11월 탈고한 것으로 기록된 황순원의 최초의 장편 소설 『별과 같이 살다』는 1947년부터 「암콤」, 「곰」, 「곰녀」 등의 제명으로 분재되었으며 1950년 2월 정음사에서 간행되었다. 아마도 어느 정도 완성된 초고를 가지고 월남하여 직장과 가족이 안정된 다음 본격적으로 작품을 마무리했을 것으로 짐작되는데 이는 6·25가 발발하기 불과 넉 달 전이었다. 김현의 다음 지적은 이런 상황을 잘 말해준다.

「별과 같이 살다」는 黃順元에게 있어서 가장 행복한 시기에 쓰여진 소설이다. 연보에 의하면 그것은 一九四七년 '부분적으로 독립되어' 잡지에 발표된 장편소설이다. 그것이 행복한 시기에 쓰여졌다는 진술은, 그것이 언제 발표될지 모르는 암담한 시기에 쓴 작품이 아닌, 최초의 장편소설이라는 사실과 一九五〇년 이후의 同族相殘에 의한 가치의식의 마멸을 그것이 꺾지 않은 유일한 소설이라는 사실을 지적한다.

― 김현, 『인물론』, 「소박한 수락」

위의 진술에서 '가장 행복한 시기'라는 지적은 6·25만을 놓고 볼 때 타당한 말이지만 해방 전후의 과도기적 격동은 배제된 것이다. 황순원이 가족과 함께 3·8선을 넘어 월남했다는 사실은 생사를 가르는 중요한 결단이었다. 북에서 토지개혁이 시작되어 전 재산을 몰수당하고 월남한 지주계층의 지식인으로서 황순원이 가진 자의식을 위의 논평은 간과하고 있다. 물론 6·25 동란기에 겪어야 피난생활의 궁핍도 이에 못지않게 엄청난 고통을 가져다주었을 것이다. 그럼에도 황순원의 자의식 속에 깊이 각인된 것은 고향의 재산과 직장을 포기하고 월남하게 되었다는 사실이 우선이며 이 점이 작가로서 황순원의 위치를 설정하는 중요한 근거가 된다.

그렇다면 『별과 같이 살다』를 어떤 작품으로 보아야 할 것인가 하는 문제가 제기된다. 김인환은 황순원 소설에 나타나는 여성주의를 지적하면서 그의 소설이 '역사적 현실을 무대로 삼고 전개'된다고 보고 다음과 같이 말한 바 있다.

황순원 장편소설들에는 한국 남자들의 여성주의가 아름답고 섬세하게 전개되어 있다. 황순원의 여성주의는 모든 독자가 수긍할 만한 내용이라는 점에서 한국적 심성의 구체적 보편이라고 할 수 있다. 더욱 놀라운 것은 그러한 심성이 역사적 현실을 무대로 삼고 전개되어 있다는 사실이다. 『별과 같이 살다』와 『카인의 후예』는 광복 전후의 사태를 다른 어떤 소설들보다도 더 충실히 그려내고 있다. 나는 이 작품들의 역사기술을 우리가 지니고 있는 어떤 역사기록보다도 더 정확한 수준이라고 생각한다. 광복 전후에 대한 역사서술을 읽을 때에 나는 당대의 모습을 여실히 제시하는데 힘쓰기보다 주관적 기준에 의존하여 칭찬하거나 비난하는데 바쁜 듯한 인상을 흔히 받았다. 일정 말기의 공출제도나 광복 초기의 토지개혁이 인간을 제외하고 그 자체로서 큰 문제가 되는 듯이 논의되는 경우도 있었다. 역사서술에서 정말로 중요한 것은 사람들이 모여 사는 구체적 관계를 문제 삼는 일이다.

— 김인환, 「여성주의 소설의 미학」, 『작가세계』 1993 봄.

해방 전후를 다룬 많은 소설들이 '주관적 기준에 의존'하여 작품을 평하고 있다고 한 김인환의 지적은 충분히 공감할 수 있는 논평이다. 동시에 그는 황순원의 소설이 '광복 전후의 시대를 다룬 어떤 소설들보다 더 충실히' 시대를 그리고 있다고 말했는데 이는 『별과 같이 살다』의 소설적 성격을 규정하는 중요한 발언이다.

그동안 이데올로기를 앞세운 소설들에 대한 비평 역시 역사의식을 가져야만 시대를 제대로 그린 것처럼 평가받아 왔는데 이는 분명 비평가 자신이 지닌 주관적 이데올로기로 작품을 평가하는 것일 터이다. 이런 시각을 뛰어넘어 『별과 같이 살다』를 본다면 우리는 그것을 시대소설이라고도 말할 수 있을 것이다. 김인환은 더 이상 구체적으로 이런 성격을 규명하지는 않았지만 『별과 같이 살다』를 이데올로기를 앞세운 소설이 아니라 지주 출신 지식인이 쓴 시대소설 또는 사회소설이라고 보아야 할 것이다. 이는 많은 논자들이 황순원의 소설을 순수문학이나 서정적 소설로 보았던 것과 다른 시각이라고 할 수 있다. 어떤 의미에서 이런 비평적 시각은 황순원 소설 전체를 관통하는 하나의 방법이 될 수 있다. 김종회는 황순원 문학에 대한 그 동안의 선입견에 대해 다음과 같이 말한 바 있다.

> 혹자는 역사적 사실주의의 시각에 근거하여 황순원이 서정성과 순수문학 속으로 초월해 버렸다고 비판하기도 한다. 그러나 그렇게만 말한다면 이는 단견의 소치이다.
> 황순원의 문학과 시대현실과의 관계는 흥미로운 굴곡을 이루고 있다. 초기 단편에서는 작가 자신의 신변적 소재가 주류를 이루면서, 토속적 정서와 결부된 강렬하고 단출한 이미지가 부각되고 있다. 「목넘이마을의 개」를 전후한 단편에서부터 『나무들 비탈에 서다』까지의 장편에서는, 수난과 격변의 근대사가 작품의 배경으로 유입되어 현실의 구체적인 무게가 가장 크다. 장편 『일월』과 『움직이는 성』, 단편집 『탈』에서는 인간의 운명에 관한 철학적・종교적 문제가 천착되면서 시대현실은 배제되고 있다. 그러나 『신들의 주사위』에 이르면 인간존재에 대한 철학적 탐구는 그대로 지속되되, 한 지역사회가 변모해 가는 내면적 모습이 함께 그려진다.
> 이처럼 황순원의 소설들을 발표순에 따라 배열해 보면, 작품의 주제와 시대현실 사이의 직접적인 상관성이 대체로 <無-有-無-有>의 순서로 나타난다.
> — 김종회, 「문학의 순수성과 완결성, 또는 문학적 삶의 큰 모범」, 『작가세계』, 1993 봄

문학 작품의 판단 기준을 시대현실과의 밀착 여부로 판단하는 것은 문학에 대한 초보적인 평가라고 할 수 있는데 한 동안 우리 문단에서는 관행적

으로 이런 기준을 근거로 작품의 높낮이를 판단해 왔기 때문에 위와 같은 논리가 필요했을 것이다. 『별과 같이 살다』는 식민지 시대를 살았던 최하층의 여성 주인공 곰녀를 내세워 도도히 흘러가는 시대적 사회적 체험을 중립적이며 객관적으로 그려나가면서 시대의 변두리에서 시대의 중심으로 그리고 민족의식의 심층으로 담담하게 육박해 들어간 소설이라고 말할 수 있다. 이러한 시각을 입증하기 위해 소설의 구성과 인물들의 상호관계망을 심층적으로 분석하면서 이 작품을 해석해 보기로 하겠다.

2. 『별과 같이 살다』의 구성과 단락 구분

최초의 장편 소설을 쓰기 위해 황순원은 현장조사는 물론 『별과 같이 살다』의 주도면밀한 구성을 위해 여러 가지 장치를 만들어 놓았다. 장편의 경우 특히 구성의 치밀성이나 밀도에 의해 질적 성패가 결정된다는 사실을 그는 잘 알고 있었을 것이다. 성공적인 인물의 창조 또한 이 구성에 의하지 않고서는 만들어질 수 없다. 어떻게 보면 구성의 긴밀성이야 말로 장편소설의 성패를 가름하는 열쇠라고 할 수 있다. 『별과 같이 살다』는 모두 열두 장으로 구성되어 있다. 지면에 처음 발표될 당시에 분재되기도 했는데 이는 한편으로는 각 장마다 하나의 독립성을 가진 이야기로 서술되어 있음을 뜻하며 다른 한편으로는 이를 모두 열두 장으로 꿰어 하나의 장편으로 구성해도 무리가 없도록 서술되어야 했음을 뜻한다. 우선 그 열 두 장의 이야기를 요약해 제시해 보겠다.

Ⅰ. 대구 근교의 샘마을의 지주 김만장과 그 옆 마을 향나무골 유명한 점장이자 신흥 지주가 된 김영인 이야기로부터 시작한다.

Ⅱ. 가난하지만 건장한 체력을 가진 곰녀 아버지는 가난을 벗어나기 위해 구주 탄광으로 돈 벌러 가지만 송금도 제대로 못하고 탄광 사고로 사망한다. 곰녀 어머니는 혼자 농사일을 하려 하지만 한계에 부딪치고 부족한 노동력을 해결하기 위해 재산을 털어 구입한 소까지 갑자기 죽는다.

Ⅲ. 곰녀의 어머니는 어쩔 수 없는 상황에서 개가를 한다. 그러나 일 년 후 출산의 고통으로 사망, 의붓아버지 또한 북쪽으로 이주하여 곰녀는 졸지에 의탁할 곳을 잃는다.

Ⅳ. 곰녀는 12살 나이로 대구의 지주 김만장 집으로 가 일하게 되나 안주인이 없는 사이 김만장에게 정조를 상실하고 다시 중학생 아들에게도 일을 당하여 그 집에서 쫓겨나 서울로 향하게 된다.

Ⅴ. 공장으로 취직하러 서울로 상경했지만 낯선 사람의 꼬임에 빠져 익선동 뒷골목 술집으로 팔려간다. 여기서 열여섯에 화천동 진주관 술집으로 팔려가고 못생긴 탓으로 손님들에게 별로 인기가 없어 심하게 구박을 당한다.

Ⅵ. 평양의 청루 진주집으로 싸게 팔려 간 곰녀는 복녀라는 이름으로 불리며 술과 몸을 팔다가 치명적인 병에 걸리게 되고 술꾼들과 싸움 잘하는 향나무골 출신 산옥이와 만나게 된다.

Ⅶ. 대동강 빨래터에서 충청도 출신의 주심이를 만나게 되고 대동아 전쟁의 병기창이 된 평양의 묘사와 산옥이를 통해 김만장의 몰락과 군수 사위를 두어 한명인이 김만장의 샘마을 토지를 사들이게 된 것을 알게 된다.

Ⅷ. 유곽에 사는 홍도가 어린아이를 가지게 되었으나 누구도 적극적으로

도움을 주지 않았으나 곰녀와 산옥 그리고 주심의 적극적인 도움으로 사내 아이를 출산하였다. 아이를 남에게 주고 그러나 홍도는 남몰래 만주로 팔려 간다.

Ⅸ. 곰녀는 후꾸다라는 이름으로 불리며 윗거리인 가루개고개로 올라가 몸을 팔게 되며 여기서 50 넘은 늙은 영감 서평양신탄상회 서사를 만나게 된다. 서사는 하르반이라 지칭되며 이때 곰녀 나이는 열아홉이었다.

Ⅹ. 곰녀는 가루개에서 일 년 반을 지내게 되었으며 B29 평양 폭격이 심해지고 조선의 독립이 이루어졌다는 소식이 산옥을 통해 알려지며 자유의 몸이 된 창녀들의 천지가 되었다.

Ⅺ. 곰녀는 하르반과 살림을 차리게 되고 주심과 산옥은 만주에서 귀국하는 사람들을 위해 평양에 설치된 민호단에 가서 봉사 활동을 하게 된다. 병이 깊어진 산옥은 민호단 일에 큰 희망을 느끼지 못하고 대동강에 투신자살한다.

Ⅻ. 하르반은 해방과 더불어 서평양신탄회사의 주인으로 신분 상승이 되어 한때 궁핍한 시절 유곽에서 만난 곰녀와 결혼하겠다는 생각을 버리고 곰녀와 헤어지게 될 상황을 암시하며 곰녀는 어려운 선택의 순간 주심이 일하는 민호단에 들어가 봉사를 통해 자신을 헌신할 것을 결심한다.

소설 전체를 요약해 보면 『별과 같이 살다』는 시기적으로는 1930년대 후반에서 1940년대 후반 즉 1946년 봄까지 대략 10여 연간의 이야기이다. 공간적으로는 대구 근교 샘골에서 시작하여 대구로 다시 서울로 여기서 평양으로 이동하여 아랫거리에서 윗거리로 이동하고 있다. 분량으로 보아 200자 원고지 850여 장이며 이 작품을 쓸 당시 황순원은 30전후의 나이였다. 전체를 몇 개의 단락으로 나눌 것인가 하는 것은 의미 있게 검토해 보아야 할 문제이다. 이 작품의 구성에 대해 가장 구체적으로 언급한 김인환은 크게 네 단락으로 보았다. 그의 단락 구분에서 제4장을 별도로 분리시켜 두 번째 단락으로 설정한 것은 눈여겨볼 만한 것이다. '역사적 국면'의 함축을 전제로 한 그의 구분은 곰녀가 지주인 김만장 집에서 정조를 상실하고 서울로 상경하게 된 사건을 중요한 계기로 보고 이 소설에서 처녀성의 상실이 결정적 동인이 된다고 보았기 때문일 것이다. 그러나 이 소설에서 곰녀의 일방적인 정조 상실은 윤리적인 측면에서 중요한 사건이기는 하지만 시대사적 흐름을 조망하는 관점에서 볼 때 그 부분을 독립적 구성의 단락이라 말하기에는 약간 어려움이 있는 것 같다.

전통소설과의 상관성을 고려하여 단락 구분을 특색 있게 나눈 것은 이동하이다. 그는 에서 다음과 같이 다섯 단락으로 나누었다.

    (ㄱ)단계 …… 출생에서부터 김만장의 집으로 갈 때까지
    (ㄴ)단계 …… 하르빈과 만남 직전까지
    (ㄷ)단계 …… 하르빈으로부터 버림받을 때까지
    (ㄹ)단계 …… 하르빈에게 버림받고 앓을 때
    (ㅁ)단계 …… 민호단에 가기로 결심하면서부터

                                       이동하, 「파멸의 길과 구원의 길」(『문학사상』, 1988.3)

이 단락 구분은 '전통적인 일대기'라는 시각에서 (ㄱ) 행복, (ㄴ) 불행, (ㄷ) 행복, (ㄹ) 불행, (ㅁ) 행복의 순차로 소설이 구성된 것으로 보았다는 점에 흥미로운 분석이다. 그러나 사건의 전개를 통해 시대사를 꿰뚫어 보는 작가의 시선은 배제되어 있다. 특히 (ㄷ), (ㄹ), (ㅁ)의 단계를 세분한 것은 (ㅁ)의 단계를 너무 확대해석하는 것으로 구성의 원리에서 볼 때 편중된 작

품 해석의 결과라고 할 것이다. 왜냐하면 (ㅁ) 단계의 경우 그런 결심을 했다는 것이지 그 구체적인 실천은 소설 속에 나타나지 않기 때문이다.

조금 범박하다고 여겨질지 모르지만 전체를 네 단락으로 나누고 이를 기·승·전·결이라 보아 각각 세 개의 장이 하나의 단락을 이루고 있다고 보는 것이 소설의 흐름이나 논리적 구성에 있어 자연스럽다. 좀 더 이를 세분해 말하면 단락 구성을 살펴보면 다음과 같다.

첫 번째 단락은 제1장부터 3장까지이다. 제1장은 소설의 배경이 되는 두 인물에 대해 상당 부분을 서술하고 있는데 이들을 통해 시대적 배경을 제시하고 전체 구상을 위해 밑그림을 서두에 보여준 것이라 하겠다. 제2장은 소설의 주인공 곰녀의 아버지가 대대로 세습되는 가난을 벗어나기 위해 구주 탄광으로 광부로 가서 불의의 사고로 생명을 잃게 되고 곰녀의 어머니는 그들에게 닥쳐오는 재난을 피하기 위해 몸부림치나 결국 모든 시도가 실패하게 된 과정을 보여준다. 제3장에서 어쩔 수 없는 가난을 벗어나기 위해 곰녀 어머니는 개가하지만 다시 아이를 출산하는 과정에서 사망하고 곰녀는 의지할 곳 없는 고아가 된다. 역병의 횡행으로 고아가 되었던 어머니를 길러준 배나무집 할머니가 있지만 이미 노쇠하여 곰녀를 양육할 수 있는 힘을 가지지 못한 결과 곰녀의 운명적인 삶은 이로부터 시작되었다.

두 번째 단락은 제4장부터 6장까지이다. 제4장에서 12살 고아가 된 곰녀는 샘마을 지주 김만장의 요청으로 그의 집에 가 잔심부름을 하며 생활한다. 그러나 2년여가 지난 어느 날 주인에게 정조를 상실하게 되며 그 집에서 쫓겨나 세상의 전면에 벌거벗겨진 채 나서게 된다. 제5장에서 서울에 있는 공장에 가서 취직하겠다던 곰녀는 서울역에서 호리꾼 남자에게 속아 술집 진주집으로 팔려가지만 못생긴 탓에 손님들에게 인기가 없어 구박만 당하다가 결국은 다시 싼값에 평양으로 팔려가게 된다. 제6장에서 곰녀는 평양의 청루 진주집에서 술과 몸을 팔게 되며, 그와 가까운 고향에서 온 산옥을 만나게 된다. 정조 상실에 이어 술집으로 그리고 다시 유곽으로 전락해 간 곰녀의 몰락 과정을 다루고 있다는 점에서 제4, 5, 6장은 하나의 단락으로 보아야 전체 균형이 자연스럽게 이루어지며 장편 소설을 전개하는 흐름에 있어서도 무리가 없다.

세 번째 단락은 제 7장, 8장, 9장이다. 이 소설의 전개 과정에서 전환을 이루는 주요한 단락이다. 제7장에서 곰녀는 빨래터에서 주심을 만나게 되고 대동아전쟁의 병기창이 된 평양의 모습이 간접적으로 비춰지며 곰녀는 산옥의 입을 통해 김만장의 토지를 한명인이 매수했다는 사실을 알게 된다. 작가는 이 국면에서 자연스럽게 산옥을 등장시켜 이야기를 전개하고 있다는 점에서 그 나름의 뛰어난 장면 제시 능력을 보여주고 있다. 여기서 토착 지주의 몰락은 소설의 구성과 전개에서 주요한 맥락을 갖게 된다는 점에서 그러하다. 김만장의 몰락은 신흥 지주 한명인의 상승을 뜻하며 이는 친일 관료와의 결탁을 통해 가능했다는 것을 통해 식민지 시대의 수탈현장을 소설의 배면에 전제하고 있음을 뜻한다. 여기서 작가는 오직 소설의 주인공들의 대화를 통해 제시한다는 점이 기법적인 측면에서 주목된다. 제8장은 유곽에 사는 홍도가 어린아이를 가졌으나 제대로 아이를 낳지 못하는 상황에서 동료들과 주인과의 갈등이 중심축을 이룬다. 산옥과 주심이, 그리고 곰녀가 산통을 겪고 있는 홍도를 병원까지 업고가 겨우 사내아이를 출산했으나 결국 홍도는 아이를 제대로 보지도 못하고 빼앗기고 그 자신 또한 동료들도 모르게 북으로 팔려 간다. 홍도의 이야기는 유곽에 사는 여성들이 출산조차 금지된 감금 상태에서 인신매매되는 상황을 그리면서 이들이 인간 이하의 극한적 상황에 처해 있음을 알려준다. 제9장은 곰녀가 50이 넘은 서평양신탄상회 서사와 가까워지면서 그에게 자신의 이름 변천과정을 진술하면서 시간을 거슬러 올라가 자신의 정체성을 확인하게 되는 장이다. 이는 마지막 대단원을 위한 예비적 단계이자 전환의 국면을 마련해 주는 절정에 해당하는 부분이다. 자신이 누구인지 알지도 못하고 알려고도 하지 않고 어쩔 수 없이 살아온 상태에서 최하층으로 전락한 곰녀의 자기 확인은 『별과 같이 살다』에서 절정에 해당하는 부분이라 말해도 좋을 것이다.

"그래 이름은 머다?"
"후꾸꼬라카기도 하고, 후꾸쨩이라카기도 하고……"
"복 복짜, 아들 자짜. 조선 이름은?"
"복실임니더."
"복 복짜, 열매 실짜."
"그전 이름은 유월이라카고……"
"유월이? 유월이라니?"
"그전 이름은 또 삼월이라카고……"
"삼월이? 오라, 석 삼짜, 달 월짜. 그럼 유월인 여슬 뉵짜, 달월짜, 누월인가……?"
"그라고 본이름은 곰녀라카고……"
곰녀는 자기의 본이름으로 후남이라는 이름이 있었다는 건 모르고 있었다.
"머라구? 무슨 녀?"
"곰녀."

곰녀가 전전한 술집과 유곽을 옮길 때마다 바뀐 7가지 이름이 나오면서 끝내 자신으로 되돌아가지 못하는 극단적인 상황이 대화체로 흥미 있게 제시된다. 그 동안 전전한 주루가 바뀔 때마다 다르게 불리다가 곰녀라는 이름에 이르러 하르반이 후후하고 웃는 것은 못생기고 우직한 곰녀의 정체성을 희화적으로 부각시키게 만드는 작가의 독특한 어법이다. 이는 전환의 국면을 넘어서서 결말을 향한 대단원을 준비하는 힘을 축적한 것이라 해석된다.

마지막 단락이라고 할 수 있는 제4 단락은 제10, 11, 12장이다. 제10장의 시대적 배경은 폭격기가 평양의 상공을 빈번히 날아다니고 조선이 해방되었다는 풍문이 떠돌기 시작한 시기이다.

주인으로부터 해방된 유곽의 여자들은 당연히 자신이 살아갈 길을 모색해야 하는 선택의 순간에 선다. 대동강물이 맑아지고 세상은 달라졌는데 산옥은 병든 자기 몸이 썩어가는 것은 비관하면서도 누구보다 빨리 이 소식을 전한다.

> 어젠가 그젠가도 B29가 바로 평양 위로 지나갔다고 웅성거리더니 오늘 신새벽에는 또 무슨 비행기가 굉장히 요란한 소리를 내며 낮추 떠 지나갔다고 수군거린 날, 이날도 낮쯤해서 대동강을 찾아나갔던 산옥이가 숨가빠, 우리 조선이 독립이 됐다는 소리를 지르면서 뛰어들어왔다.
> 저 애가 지금 무슨 소리를 하나? 저 애가 미치지 않았나? 그러면서 이집 저집에서 애들이 쏟아져 나왔다.
> 산옥이는 그냥 이편을 향해 외쳤다. 10장 130쪽.

유곽의 여성들에게 해방은 이처럼 왔다. 그들만이 아니었다. 처음에는 모두 반신반의하면서 수군거리며 사람들은 어리둥절한 채 해방을 맞았다. 해방의 소식을 처음 듣는 사람들은 이 소식을 전하는 사람이 혹시 실성하여 헛소리를 외치는 것이 아닐까 의심하지만 시간이 지나고 이집 저집에서 사람들이 쏟아져 나오면서 점차 그것은 사실로 인정된다. 이는 그만큼 일제로부터의 해방이 어려울 것이라고 생각하고 있던 사람들의 일반적인 반응이었을 것이다.

해방이나 독립이 필연적이라고 생각한 것은 독립 운동하는 사람들이나 외국의 소식을 미리 알고 있는 극소수의 사람이었을 것이며 일반 기층 민중은 조선의 해방을 거의 모르거나 거의 무자각적 살아가고 있었을 것이다. 우리가 여기서 눈여겨보아야 할 것은 감격의 순간에도 황순원이 견지한 작가적 자세는 가치중립적이며 오직 작품 속의 등장인물을 앞세워 말하고 있다는 점이다. 흥분하고 앞서 나가는 것이 아니라 어디까지나 사람들의 구체적인 반응을 사실적으로 그리면서 해방의 순간을 보여주고 있다. 해방의 순간이 현실로 다가오면서 유곽의 여성들은 그들이 담당해야 할 일이 앞으로 닥쳐올 모든 격동을 몸으로 겪어내야 한다는 점을 본능적으로 느낀다는 것이다.

이 8·15의 흥분은 흥분대로 곰녀네는 그대로 몸을 내줘야 했다. 그것도 이번에는 모색 다른 손들한테까지. 그건 또 무서운 일이 아닐 수 없었다.

퍼지는 소문에, 일본병정들이 전에 만주니 북지를 쳐들어갔을 때는 이르는 곳마다 부녀자를 욕뵈지 않은 곳이 없었는데 이들 일본병정은 욕이면 욕뵈는 데만 그치는 것이 아니고 나중의 말썽을 없애기 위해 욕뵌 부녀자를 일일이 찌르고 쏘아 죽이곤 했다는 것이다.

그리고 이런 말도 덩달아 돌았다. 만일 조선 사나이들이 전쟁에 승리해가지고 남의 나라에 들어가게 되면 어떻겠느냐는. 아마 이만 저만한 일로 그치지 않을 것이라는.

곰녀는 퍼뜩 생각키는 것이 있었다. 언젠가 동무들이 말한, 남자란 누구라 할 것 없이 모조리 짐승과 같다던 말.

어쨌든 곰녀는 이 모든 횡포를 그냥 받는 수밖에 다른 도리가 없었다. 10장 133쪽.

일제 치하에서도 그러했던 것처럼 곰녀네가 현실적으로 걱정하는 것은 8·15 해방의 감격과 흥분에 빠지는 것이 아니라 시대의 격변이 크면 클수록 그대로 자신의 몸을 내주어야 하는 것이다. 위의 인용에서 가볍게 지나가는 것처럼 '이번에는 모색 다른 손들한테까지. 그건 또 무서운 일이 아닐 수 없었다'라고 말하고 있는데 이는 소련군의 진주를 빗대어 말한 것으로 8·15의 감격이나 흥분을 억제하고 시대를 흘러가는 밑바닥 그것도 몸을 팔아 살아가야 하는 곰녀네의 본능적 반응을 객관적으로 그리고 있다는 점에서 주목해야 할 발언이다. 어쩌면 작가가 인용문의 후반에서 말하고 있는 것처럼 소련군이나 조선 사나이나 모두 짐승과 같다는 일반적이고 보편적인 시각에서 던져진 발언으로 소설 속의 주인공을 바라보는 작가의 시선이 그대로 반영된 것이라 해석된다. 제11장에서 유곽에서 해방된 곰녀는 하르반과 따로 살림을 차린다. 산옥과 주심은 이따금 그 살림집을 드나들면서 밖의 소식을 전해 준다. 시시각각으로 변하는 정세를 전하는 통로가 그들이다.

"지금 라지오로 방송했데이, 일본이 항복하고 조선이 독립됐다카는!"
그러나 듣는 사람들은 모두 대낮에 꿈꾸는 소리로밖에 듣지 않는 눈치였다. 이 애가 대낮에 눈을 뜨고, 그것도 저렇게 광채나는 그 큰 눈을 뜨고 꿈을 꾸나?
산옥이는 모여선 사람들의 얼굴을 향해, 우리가 모르고 있었지 어제 벌써 라디오로 오늘 정오에 중대방송이 있겠다더니 지금 금방 그 방송이 있었다, 그렇게 자기 말을 못 믿겠거든 큰소리로 나가보라고 했다. 그래도 누구 하나 먼저 큰 거리로 나가보려는 사람은 없었다. 이미 B29가 여러 차례 다녀가고, 요새 와서는 소련까지 달려들어 벌써 청진인가 어디까지 쳐들어왔다는 말이 들리기는 하지만 그렇기로서니 일본이 그렇게 항복을 했으리라고는, 게다가 조선이 독립까지 됐다고는 아무래도 성한 사람의 말같지가 않은 것이었다. 이렇게 모여서들 허튼소리를 듣다가 큰코다치기 쉽다, 가만히 집안에들 들어가 있다가 공습경보라도 나면 방공호로 들어갈 채비나 하고 있는 게 상책이지.

그런데 참 저게 무슨 소리냐. 무슨 소리인지 알아듣기 전에 벌써 그게 어떤 기쁨에 넘친 아우성소리라는 것이 가슴에 와 부딪쳐졌다. 다음 순간, 누가 먼저라고 할 것 없이 거기 모였던 사람들은 우욱 기림리 쪽 큰 거리를 향해 내달리기 시작했다. 달리면서 저기서 지르는 소리는 분명히 만세소리라는 걸 알아들었다.

조선이 독립되었다는 방송이 나왔다는 소리를 듣는 사람들은 처음에는 그 누구도 그 말을 실감할 수 없었다. 해방에 뒤이어 소련군이 청진까지 왔다는 산옥의 말을 처음에는 실성한 사람의 이야기로 오해하지만 인용의 후반에서 볼 수 있는 것처럼 큰 거리로 나오지 않으려던 사람들이 모두 하나가 되어 큰 거리로 나와 사람들이 만세 소리를 외치며 내달리는 사이에 어느 틈에 하나가 되는 과정을 보여준다.

흥분하고 앞서는 것이 아니라 어디까지나 사람들의 구체적 반응을 그리면서 감격의 순간을 그대로 보여주고 있다는 점에서 『별과 같이 살다』는 황순원의 첫 장편이라고는 하지만 그가 이미 작가로서 높은 기량을 가지고 있었다는 사실을 확인시켜 준다. 조선이 독립되자 평양은 창녀들의 천지가 되지만 주심과 산옥은 북에서 오는 난민들을 위해 구호활동을 하는 민호단에 들어가게 된다.

제11장에서 유곽에서 해방된 곰녀가 하르반과 따로 살림을 차리게 되지만 놀라운 사건은 8·15 이후 일본인 주인이 물러가자 늙은 서사는 그 상회를 접수하여 주인이 되었다는 점이다. 해방을 맞아 시대 변화의 징후는 사회 도처에서 일어났으며 때로 그것은 의외로 아주 가까운 곳에서 목격되기도 했다. 해방 후 과도기적 상황에서 도처에서 발생한 신분 이동이 여기서도 일어난 것이다. 민호단에서 일하는 산옥과 주심이 곰녀의 살림집에 들리는데 생의 의미를 상실한 산옥은 유서를 남기고 대동강에서 투신자살한다. 이제 남은 것은 곰녀와 주심뿐이다.

마지막 12장에서 산옥의 자살을 안타까워 동정하는 한편 그와 자신의 처지를 동일시하던 곰녀는 이제 쳐다보기도 힘든 다른 사람이 된 하르반이 더 이상 자기를 찾아오지 않을지도 모른다는 평소와 다른 조짐을 느끼게 되고 그와의 이별이 가까이 다가온 것을 직감한다. 여기서 곰녀가 어떤 선택을 하느냐는 이 소설의 전개에서 매우 중요한 의미를 갖는다. 곰녀는 하르반과 작별하고 나서 자기가 택해야 할 길이 무엇인가를 생각하게 되는데 여기서 곰녀는 그 스스로도 이전에는 전혀 생각하지 못한 놀라운 자기발견의 계기를 갖는다.

> 그러다가 곰녀는 깜짝 놀라고 만다. 이 떨리는 가슴속으로부터 이상한 소리가 들려온 것이다. 빙신, 빙신, 하고. 그것은 산옥이의 목소리같기도 하고, 주심이 언니의 목소리같기도 했다. 그러나 기실은 산옥이의 목소리도 주심이 언니의 목소리도 아니었다. 곰녀 자신의 가슴속으로부터 속삭여진 소리였다. 이 소리가 이어 속삭이는 것이다. 주심이 언니한테로 가그라, 주심이 언니한테로 가그라.
> 잠시 곰녀는 숨도 크게 못 쉬고 서있었다. 그러는 곰녀의 해쓱해진 얼굴에 갑자기 화기가 내돋히기 시작했다. 왜 자기는 여태 이 생각을 못했을까? 바보, 바

보! 이번에는 입 밖에 내어 중얼거리건만 놀라지 않았다. 그저 알지 못할 어떤 바람으로 해 가슴만이 두근거릴 뿐이었다. 이 두근거리는 곰녀의 가슴속에서도 뭔가 강독의 아지랑이 같은 것이 피어올랐다. 제12장 170쪽.

곰녀는 투신자살한 산옥이 불쌍하다고 되풀이 말하다가 문득문득 자신의 처지를 돌이켜 보게 된다. 자신과 다르다고 생각했던 산옥과의 동일시의 감정이 조금씩 생기기 시작하는 것이다. 하르반이 잊지 않고 자기를 찾아준다고 하더라도 끝내 숨어서 살아야 하는 자기가 갈 길이 무엇인지를 떠올려 보지 않을 수 없다. 열두 살에 집을 나와 10여 년 가까이 술집과 유곽을 전전해온 그로서는 처음 있는 일이다. 못생기고 못 배운 곰녀는 몸으로 살아왔다. 술집 주인들의 갖은 학대와 핍박에서도 그는 튼튼한 몸과 착한 심성으로 모든 난관을 이겨 나왔다. 사회가 그에게 가져다 준 최초의 충격은 조선의 해방이요, 그 다음은 산옥의 죽음이다. 그리고 해방으로 인해 신분과 위치가 달라진 하르반이 언제 그를 돌아보지 않을지도 모르는 현실적인 변화가 일어난 것이다.

곰녀는 바보다. 역사에 저항하거나 자신의 이기적인 주장을 내세울 줄도 모른다. 역사의 대변혁의 소용돌이에 던져진 곰녀는 이 순간 자신의 가슴 깊은 곳에서 들려오는 소리를 듣는다. 가슴속에서 우러나온 속삭이는 소리는 그로 하여금 위대한 결단을 하게 만든다. 대동강 물이 맑아지고 해방과 독립을 맞이할 상황에서 『별과 같이 살다』는 결국 이 곰녀가 자신의 길을 선택하는 결단에 이르는 기나긴 도정이었다고 해도 과언이 아니다. 지식이나 논리로 깨달았다기보다는 거친 세파를 오직 몸으로 견디고 살아온 그의 가슴 깊은 곳에서 조국의 해방이라는 감격적인 순간 우러나온 속삭임 소리로 인해 그는 희생과 봉사의 길을 택하게 된다. 주심 언니가 택한 민호단을 곰녀가 선택했다는 것은 약삭빠른 지식인이 개인적인 이해 여부에 따라 시류에 편승하는 정세판단과는 전혀 다른 결단이라는 점에서 예외적 선택이다. 곰녀의 마지막 선택으로 인해 『별과 같이 살다』는 시대소설이라고 해석할 수 있는 여지가 생긴다. 곰녀의 삶은 선천적 가난으로 인해 개인의 의지로 선택한 것이 아니라 거의 운명적인 것이었다. 그리고 그 운명은 일제의 식민지 치하에서 노예처럼 살았던 우리 민족 모두의 운명과 통한다.

어리석고 둔하게 주어진 운명에 순응하며 곰과 같이 살았던 곰녀의 삶을 민족적 생명의 상징이라고 볼 때 이 소설의 적정한 제목처럼 '곰녀의 삶'은 '별과 같이 산' 것이 되는 것이다. 이러한 역사를 상징하는 알레고리가 없다면 황순원은 결코 곰녀를 소설의 주인공으로 택하지 않았을 것이다.

방민호는 「별과 같이 살다」의 심층에 나타나는 이 상징적 알레고리에 대해 다음과 같이 지적한 바 있다.

> 일제가 가져온 근대적 병폐가 존재하지 않고 지주와 소작의 봉건적 갈등 또한 존재하지 않는 공동체에 대한 소망, 이것이 「별과 같이 살다」의 심층에 자리 잡은, 현실을 포회하는 상징적 주제이다.
>
> (……)
>
> 그러나 상징성은 본질적으로 시적인 차원의 것이지 소설적 차원의 것은 아니다. 따라서 사실의 세계를 상징의 세계가 포회하고 있는 「별과 같이 살다」는 시적인 것과 소설적인 것이라는 두 이질적 요소를 시적인 것의 우위 속에서 결함하는 양상을 띠게 된다.
>
> 방민호, 「현실을 포회(包懷)하는 상징의 세계」

상징적인 것은 현실을 그대로 드러낼 수 없을 때 택하는 우회적 방법이다. 황순원은 사실적인 것을 바탕에 두고 상징적인 민족 공동체의 이상을 그려내려고 하였던 까닭에 시대의 알레고리로서 곰녀를 주인공으로 택했고, 곰녀의 운명이 곧 민족 공동체의 운명으로 승화시키려고 하였다. 어쩔 수 없는 운명에 던져진 한 여성의 삶이 민족 전체의 삶과 동일시되지 않는다면 작가는 그 여성을 곰녀라고 명명하지 않았을 것이다.

어쩌면 이는 근대적 의미의 소설 미달 현상이라고도 말할 수 있을 것이며, 다른 의미에서는 근대적 소설의 초월이라고 말할 수도 있을 것이다. 「별과 같이 살다」에 등장하고 민담이나 이야기의 도입이 바로 그러한 사실을 입증해 준다는 점에서 그러하다. 그것은 어떤 의미에서 육체적인 것을 훼손당한 곰녀를 통해 정신적 순결성을 회복하는 과정이며, 이런 시련의 과정이라고 식민지시대를 바라보는 것이야말로 치욕의 시대를 초극하는 방법이라고도 할 수 있다.

3. 민담이나 이야기의 도입과 소설적 흥미

장편소설은 복잡한 구성의 축조물이다. 시간적 공간적 배경의 설정도 그러하고 다양한 등장인물의 관계망도 그러하다. 단선적 구성이나 단일한 이야기로는 장편소설을 끌어나갈 수 없다.『별과 같이 살다』는 부분과 전체를 구성하기 위해 중간에 여러 이야기를 활용하여 소설적 흥미를 강화시키고 구성의 밀도를 증폭시킨다. 특히 전반부에서는 민담으로 전하는 이야기들을 도입하여 소설적 요소를 풍요롭게 하는 동시에 독자의 관심도 촉발하는 역할을 담당하게 한다.

도입부에 해당하는 제1장에서 토착지주 김만장과 신흥지주 한명인의 이야기는 전체 서사의 테두리를 정하는데 밑바탕이 된다. 점장이 한명인이 갑자기 부자가 된 것에 대한 사람들의 궁금증은 여러 가지 상상적 가설을 퍼트리게 만들었는데 그 중에 도깨비에게 돈을 꾸어준 다음 돈 갚은 것을 모르는 도깨비가 계속 돈을 갚아 부자가 되었다는 이야기는 가난에 찌든 사람들에게는 끝없는 상상을 자극하게 만드는 흥미로운 이야기를 생산해낸다.

명인이 한창 점으로 소문이 날 무렵이라 한다. 하루는 명인이 어디 갔다 밤늦게 돌아오는 도중 한 다릿목을 지나느라니, 웬 키가 구척같은 사나이 하나가 불쑥 나와 앞을 막아서더라는 것이다. 그리고는 명인보고 다짜고짜 돈 닷냥만 꾸어 달라더라는 것이다. 명인은 서슴지 않고 꾸어주었다. 벌써 명인은 이 다릿목에서 만난 키가 구척같은 사나이가 보통사람이 아니라는 걸 눈치 챈 것이었다. 수상한 사나이는 명인에게 집이 어디냐고 묻고는 그대로 어디론가 가버렸다. 그 뒤었다. 밤 깊어(명인이 그날 밤 다릿목에서 만난 시각쯤해서) 수상한 사나이는 명인네 집을 찾아와서는 꾼은 돈 받으라고 방안에 돈꾸러미를 들여뜨리고 가곤 한다는 것이다. 그게 지금까지도 계속된다는 것이다. 그러니 명인이 본 대로 다릿목 수상한 사나이는 보통사람이 아니고 복도깨비였다는 것이다. 제1장 복도깨비 이야기

특별한 사연이 없고서는 갑자기 부자가 될 수 없다는 일반 사람들의 생각은 상상의 날개를 달고 복도깨비를 등장시킨다. 그런데 흥미로운 것은 복도깨비설은 여기에 머무르지 않고 한 걸음 더 나가 한명인의 어머니가 도깨비와 관계하여 출생했다는 이야기로 확장된다. 이런 상상은 『삼국유사』에

수록된 「도화녀와 비형랑」의 이야기와 유사하다. 이는 그만큼 초능력적인 힘을 빌려야만 현실적으로 불가능한 것처럼 보이는 일을 가능한 것으로 바꿀 수 있다는 가난한 사람들의 소망을 간접적으로 표현했다는 뜻이다. 곰녀의 아버지가 일본 탄광에 간 것도 바로 벼락부자를 꿈꾸고 간 것이 아니었던가.

한명인의 부를 축적하게 한 것이 도깨비가 아니라 그의 아버지가 변리를 놓아 그것이 축적되어 부자가 되었다는 이야기는 합리적이고 논리적이기는 하지만 사람들은 이를 외면하고 오히려 비현실적이라고 할 수 있는 도깨비 이야기에 더 귀를 기울이게 되는데, 이는 도깨비 이야기가 사람들의 상상을 자극하고 이야기의 상상적 요소를 더 풍요롭게 하며 그로 인해 사람들의 호기심을 갖게 만들기 때문이다. 그것이 진실이냐 아니냐의 이성적인 판단보다는 허구적 상상에 더 공감하는 것 또한 일반 사람들의 심리적 반응이며 이 심리적 욕구가 이야기를 만들어내는 원동력이며 또한 소설의 허구성을 창출하는 근거가 된다. 황순원은 이를 고도로 활용하여 자신이 설계한 이야기를 만들어 갔으며 한명인의 복도깨비 이야기는 소설의 도입부에서 적절한 기능을 한다고 하겠다.

도깨비 이야기와 더불어 주목할 것은 제3장에 나오는 「콩쥐 팥쥐 이야기」이다. 부모를 잃은 곰녀가 잠시 같이 살던 배나무집 할머니로부터 들은 것은 「진상가는 이야기」와 「콩쥐 팥쥐 이야기」이다. 「진상가는 이야기」도 결말의 극적 전환이 곰녀에게 흥미를 불러일으켰지만 「콩쥐 팥쥐 이야기」는 곰녀가 되풀이 들어도 눈물 나게 좋아한 이야기이다. 또한 그것은 미구에 닥쳐 올 그 자신의 운명을 예감하게 하는 것이기도 하다. 할머니로부터 들은 이야기들은 동화적 상상을 발동시키며 상상에 상상을 발동시켜 무의식의 심층까지 침투하여 그의 운명을 좌우하는 하나의 상징이 되기도 한다.

곰녀는 이 진상가는 이야기와 함께, 할머니의 콩쥐팥쥐 이야기를 즐겨 들었다. 진상가는 이야기는 우습고 재미나는데, 이 콩쥐팥쥐 이야기는 눈물이 나면서 재미났다. 콩쥐가 의붓어미에게 쇠호미로도 하루 종일 다 못 맬 밭을 나무호미로 매라는 분부를 받고 김을 매다가 그만 나무호미가 부러져 어찌할 바를 몰라 울고 있을 때의 가엾음과, 의붓어미가 제가 낳은 딸 팥쥐와 같이 잔치 구경을 가면서, 콩쥐보고는 밑 빠진 독에 물 한 독 긷고, 조 한 섬 찧고, 베 한필 짜고 나서야 오라는 분부를 받고 어찌할 바를 몰라 울고 있을 때의 가엾은 대목에 이르러서는 곰녀 제가 콩쥐나 된 듯이 절로 눈물이 솟는 것이었다.

부러진 나무 호미를 들고 울고 있는 콩쥐의 서러움은 바로 곰녀가 절로 눈물이 솟을 만큼 공감하는 이야기인 동시에 피할 수 없는 운명의 목소리가 담겨 있다. 여기서 나무호미는 쉽게 부러지는 것으로 거센 현실의 난관을 이겨나갈 힘을 갖지 못한 사람의 무능력을 나타내며 쇠호미는 세파를 이겨나갈 힘과 권력을 뜻한다. 여기서 쇠가 돈을 의미한다고 해도 무리한 해석이 아니다. 한명인의 힘은 도깨비가 가져다주는 돈의 힘이라는 것은 자명한 일이다. 한명인의 도깨비 이야기와 곰녀의 콩쥐 이야기는 소설 속에서 전개되는 두 사람의 상승과 몰락을 함축하는 이야기로서 독자들의 흥미와 관심을 촉발하는 소설적 장치라고 하겠다.

소설의 중반부가 넘어서는 제7장에서는 후에 한명인의 사위가 된 군수 이야기가 나온다. 그 또한 일본인에게 아첨하여 친일관료가 된 출세주의자이다. 귀돌이 아버지가 죽은 다음에 귀신이 되어서도 자신에게 관대하게 인심을 베풀었던 지주 한명인에게는 남기고 간 빚을 어떤 일이 있더라도 갚아야 한다고 말했다고 소문을 내는 교묘한 방법으로 소작인들의 피와 살을 착취하여 재력을 모았다면 군수는 출세하는 과정에서 일본인에게 철저히 아첨하여 자신의 권력을 얻었다. 한명인이 군수를 사위로 맞았다는 것은 일제하에 출세의 두 가지 유형의 결탁을 말해 준다.

제7장을 매개로 후반으로 전개되는 『별과 같이 살다』는 네 번째 단락의 서두에 해당되는 제11장에서 해방 후 조국으로 돌아온 사람들의 세 가지 이야기가 전개된다. 첫째는 해방 조국에 가고 싶은 노모를 업고 압록강을 건넌 사람의 이야기이고, 두 번째는 거지가 되어 돌아온 사람의 이야기이며, 세 번째는 헤어졌다 만나는 부부의 이야기이다. 모두 현실의 절박한 체험을 이야기하고 있다는 점에서 흥미로운 것이 사실이지만 특히 노모를 업고 조국으로 돌아온 사람의 이야기는 그들이 얼마나 조국의 해방을 간절히 바라고 있었는가를 웅변으로 말해 준다.

아들의 가슴은 미어지는 것 같았다. 압록강을 건너자 아들은, 어머니, 어머니, 여기가 조선 땅입니다. 하고 좀 더 큰 소리로 잠든 사람이나 깨우듯이 말했다. 그러자 지금까지 축 늘어졌던 어머니가 몸을 움직이기 시작하더니 말소리는 분명치 않지만 아들더러 좀 내려 놔달라는 몸짓을 하는 것이었다. 그래 내려놔드렸더니 어머니는 무슨 깊은 잠에서나 깬 사람처럼 뿌득한 눈을 떠 한참이나 땅을 들여다보는 것이 아닌가. 그런데 이때 어머니의 눈이 어떻게나 광채가 나는지, 아들로서는 여태 이런 어머니의 눈을 처음 보는 것이었다. 그러더니 두 손으로 땅을 쓸어 보고 쓸어 보고 하면서 땅위를 기기 시작하는 것이었다. 물론 말로 한 것은 아니었다. 그저 아들에게 그렇게 보인 것이었다. 그래 부축해 일으켜드렸다. 그랬더니 노파는 아들에게 부축을 받아가며 걷기 시작했다. 걸음이 온전할 리 없었다. 꼭 어린애가 처음으로 걸음마를 탈 때 같은 모양이었다. 그렇게 몇 걸음 걸어가더니 시원치 않은 듯이 이번에는 아들보고 부축한 팔을 치우라는 눈치를 보였다. 그러나 될 수 없는 일이었다. 노파는 그 자리에 풀썩 주저앉고 말았다. 그러더니 다시 팔로 땅을 짚고 기기 시작하는 것이었다. 그게 또 꼭 어린애가 처음 기기 시작하는 것처럼. 도리어 웬만한 어린애보다도 잘 기지 못하는 것이었다. 그렇지만 얼굴에는 만족한 빛이 떠올라있었다. 노파는 이 만족한 빛을 얼굴에 띠운 채 세상을 떠났다.

조선 땅에 돌아와 살고 싶은 아니 죽기 전에 한 번이라도 조선의 땅을 밟아보고 죽고 싶은 노모의 소망은 일제로부터 해방의 그날만을 기다리며 살았던 모든 조선인의 꿈이자 소망이었을 것이다. 숨이 넘어가는 어머니를 등에 업고 노모의 마지막 소망을 들어주고자 꿈에도 그리던 혼신의 힘을 다한 아들 또한 그와 같은 소망을 가지고 있었을 것이다. 조선의 땅에 들어와 어린아이처럼 맨바닥을 기어보다 눈을 감는 노모의 마지막 얼굴빛은 장엄하기까지 하다.

『별과 같이 살다』의 전반부에 나오는 복도깨비 이야기와 콩쥐 이야기가 전래민담을 차용하여 앞으로 전개될 주인공의 인간적 모습을 제시하고 심화시키는데 효과적이라면 후반부에 나오는 노모 이야기나 거지가 된 사람의 이야기는 사실적 체험을 자연스럽게 활용한 예이다. 특히 후반부에서 절절한 마음으로 해방을 그리던 사람들의 간절한 소망을 전하는 감동적인 이야기는 결말을 예비하는 효과적인 매개 역할을 하고 있다. 주인공 곰녀나 한명인의 이야기로 다 설명되지 않는 장편의 이야기적 요소를 후반부에 도입된 이야기를 통해 머지않아 곰녀네들이 맞이할 해방공간에서의 그들이 해야 할 선택의 필연성을 강화시킨다. 노파의 얼굴에서 나타나는 만족한 얼굴빛은 그대로 곰녀에게 전이되는 것이기 때문이다.

결과적으로 소설전개의 유기적 긴밀성을 위해 에피소드처럼 도입된 민담이나 체험의 이야기들은 소설적 상상을 풍요롭게 만들어 독자들의 호기심과 흥미를 촉발하고 있다는 점에서 매우 효과적이다. 주인공을 중심으로 한 단조로운 이야기가 아니라 주변 인물들의 체험이나 민담적 요소를 도입하여 장편의 복잡한 중층적 구성을 만들어내고 이를 흥미롭고 호기심을 자극하는 구조물로 탄생시키는데 기여하고 있는 것이 바로 이 이야기들이다.

4. 주인공의 인물형의 설정과 시대를 반영하는 인간

『별과 같이 살다』에서 중요한 것은 장편으로서의 구성의 긴밀성만이 아니라 등장인물의 설정과 그들의 관계망이다. 시대소설로『별과 같이 살다』를 파악하기 위해서는 우선 두 가지 인물형을 대비해 보아야 한다. 남성 주인공의 경우 상승과 몰락으로 양극화되어 간난의 식민지시대를 살고 있다. 물론 그들이 여성 인물들에 비해 무게 중심을 더 가지고 있다고 말하기는 어렵지만 그럼에도 그들이 여성의 운명을 좌우한다는 점에서 그 중요성을 부인하기 어렵다. 남성 인물 중에서 곰녀의 아버지와 김만장은 몰락형 인물이다. 곰녀 아버지는 소작인으로 만족하지 않고 구주 탄광으로 일하러 갔지만 불의의 사고로 사망하여 가족 전체를 파멸로 이끈 인물이며 곰녀를 생의 밑바닥으로 떨어지게 만든 장본인이다. 물론 곰녀 아버지는 그로서는 어쩔 수 없는 가난을 극복해야 하는 인물이며 그의 운명은 당시 소작인으로 궁핍한 현실을 살아나가는 수많은 조선인의 운명이기도 하다. 그는 또한 농촌 현실의 비참한 현장을 여실히 보여주는 인물의 전형이기도 하다. 김만장은 토착지주로 소작인들을 전래의 교활한 방법으로 착취하는데 능숙하지만 광산 사업에 실패한 아들로 인해 재산을 모두 한명인에게 넘겨야 하는 구시대적 몰락 지주이다.

상승형 인물을 대표하는 것은 한명인과 군수 그리고 하르반이다. 이 세 사람 중에서 특히 소설의 전개과정에서 능동적으로 자기 성취를 이루며 강한 개성을 보여주는 인물은 한명인이다. 김현은 한명인에 대해 다음과 같이 지적한 바 있다.

> 한명인은 이 소설에서 제일 매력적인 인물이다. 그는 식민지 치하를 신분이동의 시기로 판단, 자신의 모든 것을 출세와 치부에 이용한 출세주의자이다. 그의 농민착취는 가히 카리스마적이다. 그는 농민들의 샤머니즘을 교묘하게 이용, 그의 치부를 더욱 확실하게 한다. 그와 그의 사위이며 그의 공모자인 군수는 서로 다른 육체를 가진 동일한 인물이다. 농민으로서 그에 대항할 수 있는 유일한 길이 만주로의 도망이다.
>
> — 김현, 「소박한 수락」

한명인은 소설의 서두부터 출현하여 그의 교활한 농민 착취과정을 여실히 보여주는 인물이다. 그는 출세주의자이기도 하지만 한 편으로는 난관을 지능적인 방법으로 돌파해 나가는 역동적인 인물이기도 하다. 그의 역동성은 광산에 미친 김만장의 아들을 사위로 맞이하고 싶을 정도로 강력하다. 그는 식민지 체제라는 엄혹한 현실에서도 이를 신분 상승의 계기로 만들 줄 아는 인물이다. 그는 농민들의 샤머니즘을 악랄하게 활용할 수 있을 만큼 영리한 자이며 출세와 치부에 있어서 고도의 능력을 발휘하는 자이며 그런 점에서 매력적이기도 하다. 김만장에서 한명인으로 이어지는 연결 고리는 한편으로는 몰락과 상승을 다른 한편으로는 치부와 출세라는 새로운 방법을 찾는다는 점에서 일관된다. 제9장에서 곰녀를 만나게 되는 하르반은 처음에는 상점에서 일하는 서사였지만 해방으로 인해 철수한 일본인 상점을 인수하여 정치적으로 경제적으로 혼란한 과도기적 상황에서 새로운 자본가로 변신한 인물이다. 그는 인간적인 모습을 지니고 있기는 하지만 달라진 신분으로 인해 더 이상 곰녀를 해방 전처럼 대해 주지 않는 인물이며 한명인과는 다른 측면에서 새로운 출세주의자가 된다.

　남성 주인공의 관계망을 삼각형 구도로 가정해 본다면 한명인을 정점으로 좌우에 김만장과 하르반을 설정해 볼 수 있다. 하르반은 해방 후 새롭게 부상하는 전형적인 인물이며 이런 유형의 인물은 단편 「술 이야기」(1947)에 등장하는 공장 관리인 준호로 대변되는 인물이다.

　남성 주인공과 유사한 구도를 그리고 있는 여성 주인공들은 비록 유곽에 살고 있는 밑바닥의 존재들이기는 하지만 더 적극적이며 생동감을 갖는다. 『별과 같이 살다』가 전체적으로 고난과 희생을 극복하는 이야기를 담은 시대소설이라는 시각에서 바라볼 때 이들의 관계는 독자적 개성을 가진 것으로 파악된다. 「별과 같이 살다」에 등장하는 여성 주인공에 주목하고 이를 세 가지로 분류한 것은 김치수이다.

　김치수는 「소설의 사회성과 서정성」(『말과 삶과 자유』, 문학과지성사, 1985.3)에서 곰녀를 '순박한 인물로서, 자신의 삶에 대해서 아무런 회의도 없이 모든 것을 그대로 받아들이고 묵묵히 살아가는 유형'으로 보고, 산옥은 갈등형 인물로, 주심은 자각의 인물로 보았다. 특히 곰녀에 대해 '정신적 순결'을 언급한 것은 나름대로 의미 있는 지적이라 여겨진다. 그러나 이 세 가지 인물형을 개별적으로 보았으며, 그들을 하나의 묶음으로 보고 이를 남성 주인공과 연결시키지 않았다는 것은 문제점이다. 곰녀를 중심으로 산옥과 주심 그리고 곰녀를 정점으로 하나의 삼각형을 그리고 있다. 제8장에 등장하는 홍도는 유곽에서 금기시하는 아이를 가지게 되나 이로 인해 아이는 물론 그 자신도 북으로 팔려가는 신세가 된다. 아이를 출산하는 과정은 그 자체로서 매우 극적인 사건이기는 하지만 유곽에서 일어나는 이야기 중에서는 예외적인 사건이며 소설 전체의 구도 속에서 볼 때 다른 세 명의 여성만큼 긴밀한 관계망을 구성하고 있는 것은 아니다.

산옥은 적극적이고 능동적인 인물이다. 싸움꾼들 사이에 끼어들기도 하고 이들을 말리고 함께 술을 마시기도 한다. 곰녀의 출생지인 샘골에서 오리 정도 떨어진 향나무골 출신인 산옥은 군수에게 자신을 바치려는 음모를 알고 대구 술집으로 탈출했다가 평양에서 곰녀를 만나게 된다. 곰녀는 제7장에서 산옥의 입을 통해 한명인이 군수 사위를 두게 된 것을 알게 되고 군수의 중개로 김만장이 한명인에게 전 재산을 넘기게 된 것을 알게 된다. 산옥은 제8장에서 홍도의 출산을 돕는데도 앞장을 서며 제9장에서는 해방의 순간을 알려주는 역할을 하는 것도 그녀이다. 산옥은 향나무골에서 친하게 지내던 귀돌이가 죽은 아버지의 빚을 갚기 위해 한명인에게 착취당하면서 바보가 된 이야기를 하며 해방은 되었지만 병든 몸은 썩어가고 갈 곳 없는 자신의 신세를 한탄한다. 주심의 주선으로 산옥은 마지못해 민호단에 들어가 봉사 활동을 시작하기는 했지만 이를 견디지 못하고 제11장에 이르러서는 유서를 남기고 대동강에 투신자살을 하게 된다. 대동강 물은 산옥의 무의식을 비추는 거울로 작용하는데 해방 조국에서 생의 의미를 찾지 못하고 극단의 선택을 한 산옥의 죽음은 곰녀에게도 커다란 충격을 주게 된다.

산옥에 비해 주심은 감정에 좌우되지 않는 성숙한 판단력을 가진 여성으로 등장하며 민호단에서 적극적으로 활동하면서 북으로 떠난 부모를 기다리는 이지적 인물이다. 주심은 생의 방향을 주체하지 못하는 산옥을 보호해

주기도 하지만 산옥의 극단적인 선택은 끝내 막을 수 없었다. 현실 판단 능력이 부족한 곰녀에게 생의 방향을 암시하는 것도 주심이다. 곰녀를 중심으로 좌우에 산옥과 주심이 그리는 삼각형은 『별과 같이 살다』를 끌어나가는 중심적 동력이다. 그렇다면 곰녀는 어떤 인물인가. 우선 김현의 지적을 들어 보자.

> 곰녀는 黃順元이 창조한 인물들 중에서 희귀하게 타인과 현실 앞에 자기를 열어놓은 인물이다. 그녀는 그녀의 개인적인 神話속에 칩거하지 않고 타인 앞에 과감하게 자신을 열어놓는다. 그것이 그녀가 식민지 치하에서 愚民化敎育을 받지 않은 탓인지, 아니면 그녀의 선천적인 성품 탓인지는 알 수 없는 노릇이다. 그 곰녀가 부산에서의 피난살이 이후에 黃順元의 상상적 세계에서 완전히 자취를 감춘 것은 그 자신의 불행뿐만이 아니라, 한국문학사와 그의 작품을 읽는 독자들의 불행이다. 외로움·불안·고통은 술로 극복되지 않는다. 그것은 타인 앞에 자신을 열어놨을 때 극복된다. 그것이 곰녀의 교훈이다.
>
> ─ 김현, 「소박한 수락」

곰녀는 어떻게 보면 백지와 같은 무성격의 인물이다. 그러나 모든 가능성을 열어 논 인물이기 때문에 그가 수용하지 못하거나 그가 극복하지 못할 난관은 없다. 김현이 지적한 것처럼 '黃順元이 창조한 인물들 중에서 희귀하게 타인과 현실 앞에 자기를 열어놓은 인물'이라는 사실에는 이론의 여지가 없다. 곰녀는 무자각적일 정도로 그에게 다가오는 모든 고난을 수용한다. 그녀는 튼실한 몸과 못생긴 얼굴과 착한 성품을 지닌 인물이다. 자신이 고통을 당하면서도 그녀는 타인의 고통을 먼저 걱정한다. 현실 자각능력이 거의 없다고도 할 수 있는 그녀는 시대 변화에 약삭빠르게 편승하는 그런 인물과는 전혀 다른 주인공이다. 어떤 시련도 곰녀의 착한 성품을 훼손할 수 없다.

산옥이 해방 후 실성기를 보일 때도 곰녀는 그녀를 불쌍하다고 동정한다. 하르반과 헤어져야 하는 국면에 가서야 곰녀는 비로소 자기도 앞길을 선택해야 한다는 것을 깨닫게 된다. 누구에게도 피해를 주고 싶지 않은 곰녀의 깨달음이 바로 그 자신의 내면으로부터 솟아난다는 사실이 중요하다. 『별과 같이 살다』에 등장하는 남성 주인공들이 대체로 고정된 평면적 인물이라면 곰녀는 소설의 대미에서 일대 반전을 이루는 입체적 인물이다. 곰녀의 선택은 산옥의 자살과는 다른 의미를 지닌다. 곰녀의 희생과 봉사는 식민지시대의 노예 상태를 벗어나 새 조국을 건설하는데 바쳐진 서사시적 드라마이다. 곰녀는 남다른 개성을 지닌 인물이 아니라 식민지 시대 전체를 관통하는 도도한 흐름을 뚫고 나와 그 시대를 표상하는 시대적 저류를 보여주는 인물이다. 곰녀의 무성격적 특징은 어떤 시련이나 어떤 난관이라도 극복할 수 있는 잠재력을 보여주며 이는 우리 민족이 지닌 내재적 에너지의 표현이다. 『삼국유사』에 수록된 단군신화에서 우리는 시련을 극복하고 인간으로 변신한 곰의 위대한 탄생을 본다. 황순원이 『별과 같이 살다』에서 가장 공들여 창조한 인물인 곰녀는 한국인이 가진 여성성의 상징이며 그로 인해 사회 최하층의 유곽에서 전전한 여성 주인공이 '별과 같이 살다'라는 제명을 통해 새로이 탄생한 인물이다. '곰과 같이'가 아니라 '별과 같이'로 변신하는 형이상 차원의 인물로 탄생한 것이다. 김현이 '곰녀가 부산에서의 피난살이 이후에 黃順元의 상상적 세계에서 완전히 자취를 감춘 것은 그 자신의 불행뿐만이 아니라, 한국문학사와 그의 작품을 읽는 독자들의 불행이다'라고 한 지적은 적절하다.

여기서 한 번 더 생각해보면 결국 곰녀는 엄혹한 식민지시대를 그리기 위해 설정된 인물이지 유곽의 창녀를 내세워 사창가 이야기를 하려고 설정된 인물이 아니다. 곰녀를 정점으로 산옥과 주심의 삼각형 구도가 성립되는 것도 그러한 이유이다.

5. 시대를 바라보는 시선의 중층성

리얼리즘 비평의 시각에서 본다면 『별과 같이 살다』는 비판적 리얼리즘 소설이라고 할 수 있다. 진보적 리얼리즘과 순수소설로 양분한다면 황순원의 소설은 중간소설로 분류될 것이다. 마르크시즘의 역사발전 이론에 근거한 리얼리즘 문학론의 현실적 영향력이 거의 상실된 오늘의 시각에서 본다면 『별과 같이 살다』는 시대소설이나 사회소설로 볼 수 있다. 그러나 1930년대 후반 유행했던 채만식의 『탁류』나 박태원의 『천변풍경』과 같은 세태소설과는 다르다고 하겠다. 황순원이 아마도 선배 작가들을 의식하고 있었을 것이라 짐작되기는 하지만 세태풍속을 그리기 위해 『별과 같이 살다』를 쓴 것도 아니고 그리고 소설의 전개 또한 그렇지 않다고 말할 수 있다. 토지개혁으로 인해 고향을 버리고 월남한 황순원이 왜 시대현실에 저항하거나 역사의식을 과감하게 전면에 내세우지 않고 순수소설이나 서정적 소설을 일관하여 추구했는가 하는 조금은 부정적 의미가 깃든 의문은 이제 와서 유효성이 축소될 수밖에 없다. 황순원 연구가이며 제자이기도 한 장현숙이 '선생님의 문학을 사회현실과 분리된 순수문학의 작가로 많은 평자들이 얘기하고 있습니다. 여기에 대한 선생님의 생각은 어떻습니까?'라고 질문하자 좀처럼 자신의 속내를 잘 이야기하지 않는 황순원은 '나 나름대로 역사를 썼다'(『황순원 문학연구』, 2013, 476쪽)고 말한 바 있다.

토지개혁을 다룬 『카인의 후예』나 전쟁고아들을 다룬 『인간접목』 그리고 민족의 유랑이나 창씨 개명 등을 다룬 『움직이는 성』과 같은 작품을 보면 황순원은 역사와 현실에 대해 자기 나름대로 작가적 확신을 가지고 최선을 다해 이야기해왔다고 볼 수 있다. 이데올로기에 물들지 않는 역사적 현실을 객관적으로 그린다는 것이 황순원의 작가적 목표였는지도 모른다. 여기서 다시 생각해 보아야 할 점은 황순원이 1946년 토지개혁을 계기로 모든 재산을 버리고 가족을 이끌고 월남한 지주 출신의 자의식을 깊이 간직한 작가라는 사실이다. 물론 이로 인해 역사발전의 미래를 내다보지 못하는 보수적인 시각을 가진 작가라고 비판 받을 수도 있을 것이다. 황순원의 가치중립적이고 객관적인 시각은 지금에 와서 본다면 과장된 역사의식에 근거한 다른 어떤 작품보다 시대와 현실을 객관적으로 그리게 만든 동력이 되었다고 해도 과언이 아니다. 김인환이 '광복 전후의 시대를 다룬 어떤 소설들보다 더 충실히 시대를 그리고 있다'고 한 지적은 충분히 일리가 있다. 장편에 등장하는 다양한 사람들을 객관적으로 그려냄으로써 그 시대의 변두리가 아니라 중심부를 향하는 시각을 보여주는 작가로 황순원을 평가할 수 있다.

김만장과 한명인을 통해 황순원은 몰락하고 상승하는 남성적 인물을 보여주었고 산옥과 주심 그리고 곰녀를 통해 시대의 저류를 온몸으로 살아가는 여성 주인공들을 보여주었다. 지주이기도 했던 그가 그들을 제 삼의 지점에서 그려내고 그들에게 희생된 여성주인공들을 특히 유곽의 창녀로 전락한 곰녀를 내세워 일제 식민지 치하를 살았던 모든 한국인의 노예적 삶을 상징화시킨 것은 그가 바라보고 있는 역사의식의 중층적 시각을 말해 주는 것이라 확언할 수 있다. 여기서 좀 더 생각해 보아야 할 점은 남성 주인공의 삼각형 구도에 여성 주인공들의 삼각형 구도를 겹쳐 놓을 때 『별과 같이 살다』를 바라보는 시각의 중층적 구조가 밝혀진다는 점이다. 다시 말해 남성 주인공들은 모두 가해자의 입장에 서게 되고 여성주인공들은 이들의 피해자가 된다. 정점에 있는 한명인과 곰녀를 대비해 본다면 시대상을 반영하는 대립적 인물의 관계망은 분명하게 파악할 수 있다.

파산한 소작농의 딸 곰녀가 유곽으로 팔려간 것은 정신대나 학도병으로 나가야 했던 당시 젊은이들의 노예적 삶과 크게 다를 바가 없다. 못생기고 무식한 곰녀가 해방된 고국으로 돌아오는 피난민들을 돌보기 위해 민호단으로 갈 것을 결심한 것은 개인을 버리고 민족과 조국에 봉사하는 위대한 선택이라고 말할 수 있다. 곰녀의 희생과 헌신은『죄와 벌』의 소냐나『부활』의 카츄사에 비견되는 위대한 모성에 의해 가능한 것이라 생각된다. 곰녀라는 명명 자체가 단군신화에서 유래했다는 점에서 작가 황순원이 노리고 있는 것이 무엇인지 다시 생각해 보아야 한다. 단군신화에서 인간이 되고 싶은 곰이 동굴에서 겪는 시련과 극복의 과정과 동일하게 일제 치하에서 우리 민족이 겪은 시련과 착취는 그대로 노예가 아니라 해방 조국의 자유인이 되기 위한 극복의 과정과 통한다. 소설의 표제를 '곰과 같이 살다'가 아니라 '별과 같이 살다'라고 정한 것도 극한에 처한 곰녀의 삶을 상징화시키기 위한 것이다. 우리는 이 영적 상징을 통해 식민지 치하를 벗어나 해방 조선의 세상을 맞이하게 되었던 것이다.

황순원 소설을 처음 필자가 읽었던 것은 1960년대 초반이었다. 그 후 50여 년이 지나 마음속에 가장 깊이 남아 있는 소설이 무엇인가 생각해 본 적이 있다. 처음에는 유명한 단편「소나기」에 나오는 소년소녀의 사랑 이야기이며, 다음으로는『나무들 비탈에 서다』이며, 그리고『카인의 후예』와『움직이는 성』이었던 것 같다. 오작녀나 동호도 강한 개성을 지닌 매력적인 인물이었지만 지금의 시점에서 돌이켜 보면 의식 속에 가장 깊이 각인된 인물은 『별과 같이 살다』의 곰녀이다. 왜 그러할까. 그것은 곰녀의 무한한 수용성 때문이다. 마르크시즘 이데올로기가 사라지고 나니 식민지시대 조선을 휩쓸었던 가혹한 현실이 인간의 내면 깊이 도도하게 흘러가고 있는 소설이 『별과 같이 살다』이다. 왜냐 하면 20세기 후반 우리는 크게 두 가지 역사적 격동을 경험했는데 하나는 80년대의 민중문학의 전성시대 다른 하나는 21세기 정보혁명의 시대가 그것이다. 이런 격동 속에서 점점 더 크게 부각되는 것은 곰녀가 지닌 모성적 여성성이다. 어떤 시대이든지 그 시대의 난관을 극복하기 위해서는 엄청난 희생이 뒤따르기 마련인데 최근 우리가 겪고 있는 가장 큰 어려움은 인간성 상실과 더불어 여성성 상실의 문제이다. 그것을 인류문명사에서 보자면 디지털 문명의 기술혁신으로 인간성 상실은 물론 생명복제의 극단적인 위기의 시대를 우리가 살고 있다는 것을 말하며 민족사적 시각에서 본다면 그것은 남과 북의 통일이라는 역사적 과제가 우리 앞에 놓여 있다는 것을 말한다.

일제 치하에서 곰녀가 겪는 시련의 시간은 후일 분단의 족쇄가 되었고 지금 우리가 겪고 있는 갈등과 분쟁을 예고하고 있는 것이었다. 민족국가 탄생의 상징적 이야기를 머금고 있는 곰녀는 이와 같은 시련과 극복의 시대에 요구되는 인물이기도 했다. 일반적으로 볼 때 무식하고 못생긴 구박덩어리 곰녀가 여성적 매력을 가진 주인공이 될 리는 없다. 그러나 곰녀는 우리 시대의 난제를 모두 포용하고 이를 극복할 대표적 상징이 될 수 있다. 착한 품성을 지닌 곰녀의 무한한 수용성이 온갖 시련을 극복하는 희생과 헌신을 가능하게 할 것이며 이런 덕목이 그 어느 때보다 절실히 요구되는 시대이기 때문에 형태와 방법은 다르더라도 21세기에 부활해야 할 여성 인물로 충분한 자격을 갖춘 곰녀에게 새로운 의미가 부여되어야 할 것이다. (미발표 신작원고, 2015)

황순원 연보

1915(1세)

평안남도 대동군 재경면 빙장리 1175번지에서 출생. 부친 황찬영(黃贊永)과 장찬붕(張贊朋)의 장남으로 태어남. 황순원의 자는 만강(晩岡)으로 부친이 지어주셨다 함. 호는 민향(民鄕)으로, '백성의 고향'을 뜻하며 작가 스스로 지었다 함.

1919(5세)

3·1 기미독립운동 일어남.

평양 숭덕학교 고등과 교사로 재직하던 부친이 태극기와 독립선언서를 평양시내에 배포, 책임자의 한 명으로 일경에 붙들려 징역 1년 6개월의 실형을 받음. 이 사건은 후 단편「아버지」(1947.2 창작)의 소재가 됨.

1923(9세)

평양 숭덕소학교 입학.

1929(15세)

　3월, 숭덕소학교 졸업, 정주 오산중학교 입학. 남강 이승훈 선생과 만남.
　9월, 건강 때문에 평양 숭실중학교로 전학.
　11월 3일, 광주학생 항일운동이 일어남.

1930(16세)

　동요와 시를 쓰기 시작.

1931(17세)

　7월, 시 「나의 꿈」을 『동광』에 발표.
　9월, 시 「아들아 무서워 말라」를 『동광』에 발표.
　12월, 시 「默想」을 발표.

1932(18세)

　1월, 시 「젊은이여」 창작.
　4월, 시 「街頭로 울며 헤매는 者여」 창작.
　5월, 시 「넋 잃은 앞가슴을 향하여」가 『동광』 문예특집호에 발표.
　7월, 시 「荒海를 건너는 사공아」를 『동광』에 발표. 시 「잡초」를 창작.
　8월, 시 「팔월의 노래」 창작.
　10월, 시 「꺼진 등대」 창작.
　11월, 시 「떨어지는 이날의 太陽은」 창작.

1933(19세)

　1월, 시 「1933년의 수레바퀴」를 창작.

3월, 시 「석별」 창작.

4월, 시 「강한 여성」을 창작.

5월, 시 「옛사랑」 창작.

6월, 시 「압록강의 밤」 창작.

7월, 시 「황혼의 노래」 창작.

10월, 시 「우리 안에 든 독수리」 창작.

1934(20세)

3월, 숭실중학교 졸업, 일본 동경 와세다 제2고등학원 입학. 동경에서 이해랑·김동원씨 등과 함께 극예술 연구 단체인 '동경학생예술좌'를 창립.

9월, 시 「이역에서」 발표.

11월, 첫시집 『放歌』를 '동경학생예술좌'에서 간행.

12월, 시 「밤거리에 나서서」를 『조선중앙일보』에 발표.

1935(21세)

『三四文學』의 동인이 됨.

1월 2일, 시 「새로운 行進」을 『조선중앙일보』에 발표.

1월 17일, 양정길(楊正吉; 본관 淸州, 1915년 9월 16일생)과 결혼. 당시 양정길은 일본 나고야의 김성여자전문 학생이었음.

1월에서 8월까지에 걸쳐 시 「歸鄕의 노래」, 「거지애」, 「새出發」, 「밤車」, 「街路樹」, 「굴뚝」, 「故鄕을 향해」, 「午後의 한 一片」, 「고독」, 「찻속에서」, 「무덤」을 『조선중앙일보』에 발표. 시집 『放歌』를 조선총독부의 검열을 피하기 위해 동경에서 간행했다 하여 여름방학 때 귀성했다가 평양 경찰서에 붙들려 들어가 29일간 구류 당함.

10월 15일, 시 「개미」를 『조선중앙일보』에 발표. 유치장 생활 이후 서울에서 발행하는 『三四文學』의 동인이 됨. 1935년 12월에 『三四文學』 종간.

1936(22세)

『創作』, 『探求』의 동인이 됨. 제2시집 『骨董品』 간행.
3월, 와세다 제2고등학교 졸업, 와세다대학 문학부 영문과 입학.
4월, 시 「逃走」, 「잠」을 『創作』 제2집에 발표.
5월, 제2시집 『骨董品』을 '동경학생예술좌'에서 간행. '동물초,' '식물초,' '정물초'로 구성된 이 시집은, 1935년 오월부터 십이월까지 창작한 시들로서, 총 22편이 실림.
7월, 시 「七月의 追憶」을 『신동아』에 발표.

1937(23세)

최초의 단편소설 발표.
7월, 단편 「거리의 副詞」를 『創作』 제3집에 발표.

1938(24세)

4월 9일, 장남 동규(東奎) 출생.
10월, 단편 「돼지系」, 시 「과정」, 「행동」을 『작품』 제1집에 발표.

1939(25세)

3월, 와세다 대학졸업.
단편 「늪」, 「허수아비」, 「配役들」, 「소라」, 「지나가는 비」, 「닭祭」, 「園丁」, 「피아노가 있는 가을」, 「사마귀」, 「風俗」을 1938년 10월부터 1940년 6월

사이에 창작함.

1940(26세)

단편집 『늪』 간행.

6월, 시 「무지개가 있는 소라껍데기가 있는 바다」, 「壽詞」를 『斷層』에 발표.

7월 17일, 차남 남규(南奎) 출생.

8월, 단편집 『늪』(간행시의 표제 『黃順元短篇集』)을 서울 한성도서에서 간행. 원응서(元應瑞)와 친교 맺음. 원응서는 활자화되지 못하는 작가의 작품을 읽어주고 평해 주었던 유일한 독자였음. 단편 「마지막 잔」에서 드러나고 있음.

단편 「별」(가을. 창작), 단편 「산골아이」(겨울. 창작)

1941(27세)

2월, 단편 「별」을 『인문평론』에 발표.

단편 「그늘」(여름. 창작)

12월 8일 태평양 전쟁 발발.

1942(28세)

3월, 단편 「그늘」을 『춘추』에 발표.

「별」과 「그늘」을 제외하고는 일제의 한글말살정책으로 발표기관이 없어지기 시작하여 작품을 발표하지 못하고 써둠. 단편 「저녁놀」(1941. 가을), 「기러기」(1942. 봄), 「병든 나비」(1942. 봄), 「애」(1942. 여름), 「黃老人」(1942, 가을), 「머리」(1942. 가을)를 창작.

1943(29세)

단편 「세레나데」(1943. 봄), 「노새」(1943. 늦봄), 「孟山할메」(1943. 가을), 「물한 모금」(1943. 가을) 창작.

9월, 평양에서 향리인 빙장리로 소개.

11월 7일, 딸 선혜(鮮惠) 출생.

1944(30세)

단편 「독 짓는 늙은이」(1944. 가을), 「눈」(1944. 겨울) 창작.

단편집 『기러기』(명세당, 1951)는 해방 전에 창작된 작가의 두 번째 단편집임.

1945(31세)

8월 15일 해방.

8월, 시 「그날」, 「당신과 나」.

10월, 시 「신음소리」.

11월, 시 「열매」, 「골목」. 단편 「술」(1945.10) 창작.

단편 「술」에는, 해방 직후 평양 서성리를 배경으로, 적산의 처리문제, 조합의 형성문제, 이데올로기의 갈등, 조선인과 일본인의 대립감정들이 포착되고 있음.

1946(32세)

1월 21일, 3남 진규(畛奎) 출생. 「그날」 등 시 5편을 『관서시인집』에 수록.

2월부터 5월까지, 국어 교원 강사.

5월, 월남. 지주계급이었던 황순원은 1946년 이른 봄부터 이북에서 토지개혁령이 내려지자 모친, 아내, 동생, 자녀를 데리고 38선을 넘음.

7월, 시 「저녁저자에서」를 『민성』 87호에 발표. 단편 「두꺼비」 창작, 『우리공론』(1947.4)에 발표.

8월, 단편 「집」 창작.

9월, 서울중고등학교 교사 취임.

11월, 장편 「별과 같이 살다」 창작.

12월, 단편 「황소들」 창작.

1947(33세)

1월, 단편 「담배 한 대 피울 동안」을 창작, 9월 『신천지』에 발표.

2월, 단편 「술」(발표시의 제목 「술 이야기」)을 『신천지』에, 단편 「아버지」를 『문학』에 각각 발표.

3월, 단편 「목넘이마을의 개」 창작.

11월, 「모자」 창작, 『신천지』에 발표(1950.3).

1948(34세)

단편집 『목넘이마을의 개』 간행.

3월, 단편 「몰이꾼」 창작.

4월 3일, 제주도 4·3사건 발발.

5월, 단편 「이리도」 창작, 『백민』에 발표(1952.2).

8월, 단편 「청산가리」 창작.

8월 15일, 대한민국 정부 수립.

9월, 단편 「女人들」 창작.

12월, 해방 후의 단편만을 모은 단편집 『목넘이마을의 개』를 육문사에서 간행.

1949(35세)

2월, 단편 「몰이꾼」(발표시의 제목 「검부러기」)을 『신천지』에 발표.

6월, 콩트 「무서운 웃음」(발표시의 제목 「솔개와 고양이와 매와」)을 『신천치』 5·6월 합병호에 발표.

7월, 단편 「산골아이」를 『민성』에 발표.

8월, 단편 「孟山할머니」를 『문예』에 발표.

9월, 단편 「黃老人」을 『신천지』에 발표.

12월, 단편 「노새」를 『문예』에 발표.

1950(36세)

1월, 단편 「기러기」를 『문예』에 발표.

2월, 장편 『별과 같이 살다』를 정음사에서 간행. 이 작품은 「암콤」(『백제』, 1947.1), 「곰」(『협동』, 1947.3), 「곰녀」(『대호』, 1949.7) 등의 제목으로 산발적으로 분재하다가 그것들이 미발표분과 합쳐져 『별과 같이 살다』의 제목으로 간행됨.

4월, 단편 「독 짓는 늙은이」를 『문예』에 발표.

6월 25일, 동란 발발. 경기도 광주로 피난. 9·28수복.

10월, 「참외」 창작.

12월, 「아이들」 창작. 단편 「메리크리스마스」 창작.

1951(37세)

부산 망명문인 시절 김동리, 손소희, 김말봉, 오영진, 허윤석 등과 교유함.

2월, 단편 「어둠속에 찍힌 版畵」 창작, 『신천지』에 발표.

4월, 「목숨」 창작, 『주간문학예술』(1952.5)에 발표.

5월, 「曲藝師」 창작, 『문예』(1952.1)에 발표.

6월, 「골목안 아이」 창작. 황순원은 「암야행로」의 작가 志賀直哉(しがなおや)의 작품을 즐겨 읽음.

8월, 해방전의 작품만 모은 단편집 『기러기』를 명세당에서 간행.

10월, 단편 「그」 창작.

11월, 「자기 확인의 길」을 『작가수업』(수도문화사 刊)에 수록.

1952(38세)

1월, 단편 「曲藝師」를 『문예』에 발표.

5월, 단편 「목숨」을 『주간문학예술』에 발표.

6월, 단편집 「曲藝師」를 '명세당'에서 간행.

8월, 단편 「두메」.

10월, 단편 「매」「소나기」 창작, 『신문학』 제4집(1953.5)에 발표.

11월, 단편 「寡辱」 창작, 『문예』(1953.1)에 발표. 시 「향수」「제주도 말」 창작, 『조선시집』(1952.12)에 수록.

1953(39세)

1월, 단편 「鶴」 창작, 『신천지』(1953.5)발표.

5월, 단편 「盲啞院에서」 창작.

9월, 단편 「사나이」 창작. 장편 『카인의 後裔』를 『문예』에 제5회까지 연재했으나 동지의 폐간으로 중단. 나머지 부분은 써둠.

10월, 단편 「왕모래」 창작. 단편 「산골아이」. 중학교 국어교과서에 수록.

1954(40세)

1월, 단편 「왕모래」(발표시의 제목 「윤삼이」)를 『신천지』에 발표.

2월, 단편 「사나이」를 『문학예술』에 발표.

12월, 단편 「부끄러움」 창작. 장편 『카인의 後裔』를 중앙문화사에서 간행.

1955(41세)

1월부터 장편 『人間接木』(발표시의 제목 『천사』)을 『새가정』에 1년간 연재하여 완결. 전쟁고아들의 폐허화한 삶을 보여줌.

3월, 장편 『카인의 後裔』로 아시아 자유문학상 수상. 서울중고등학교 교사 사임.

4월, 단편 「筆墨장수」 창작.

8월, 「그와 그네」라는 글을 『문학예술』에 발표.

10월, 단편 「불가사리」 창작.

11월, 단편 「잃어버린 사람들」 창작.

12월, 시 「새」 창작.

1956(42세)

1월, 시 「나무」를 『새벽』에 발표.

6월, 단편 「산」 창작.

9월, 단편 「비바리」 창작.

12월, 단편집 『鶴』을 중앙문화사에서 간행.

12월, 중편 「내일」 창작.

1957(43세)

2월, 중편 「내일」을 『현대문학』에 발표. 단편 「소리」 창작.

3월, 경희대 문리대 교수로 취임.

4월, 예술원 회원 피선.

10월, 장편 『人間接木』을 중앙문화사 간행.

11월, 「다시 내일」 창작.

1958(44세)

1월, 단편 「다시 내일」을 『현대문학』에 발표.

2월, 단편 「링반데룽」 창작.

3월, 단편집 『잃어버린 사람들』을 중앙문화사에서 간행.

5월, 콩트 「이삭주이」(발표시 제목 「콩트三題」)를 『사상계』에, 단편 「모든 영광은」을 『현대문학』에 각각 발표.

7월, 단편 「너와 나만의 時間」을 『현대문학』에 발표.

10월, 단편 「한 벤치에서」를 『자유공론』에 발표.

11월, 단편 「안개구름 끼다」 창작.

12월, 단편 「한 벤치에서」를 『자유공론』에 발표. 「과부」 영화화 됨.

1959(45세)

1월, 단편 「안개 구름끼다」를 『사상계』에 발표. 같은 달에 장편 『별과 같이 살다』, 『카인의 後裔』, 『人間接木』, 단편집 『늪』을 『한국문학전집』(민중서관刊) 제22권에 수록.

5월, 단편 「소나기」가 영국 Encounter 誌에 수상 게재됨.

10월, 단편 「할아버지가 있는 데쌍」(발표시의 제목 「데쌍」)을 『사상계』에 발표.

1960(46세)

1월, 장편 『나무들 비탈에 서다』를 『사상계』에 연재 시작하여 7월호에 완결.

3월, 시 「세레나데」 창작.

4월, 시 「세레나데」를 『한국시집』에 수록.

4월 19일, 혁명이 일어남.

9월, 장편 『나무들 비탈에 서다』를 『사상계社』에서 간행.

12월, 콩트 「손톱에 쓰다」(발표시의 제목 「콩트二題」)를 『예술원보』 제5집에 발표.

1961(47세)

3월, 단편 「내 고향 사람들」을 『현대문학』에 발표. 이 작품은 작가와 자전적 요소가 많이 드러남.

6월, 단편 「가랑비」를 『자유문학』에 발표.

7월, 장편 『나무들 비탈에 서다』로 예술원상 수상.

11월, 단편 「송아지」를 『사상계』 문예특집호에 발표. 단편 「잃어버린 사람들」이 Collected Short Stories from Korea(국제 P.E.N. 한국본부) 제1권에 수록됨.

1962(48세)

1월부터 장편 『일월』을 『현대문학』 5월호까지, 제1부 발표.

10월부터 장편 『일월』 제2부를, 『현대문학』에 다음해 4월호까지 발표. 단편 「과부」가 「열녀문」으로 개제되어 재 영화화됨.

1963(49세)

7월, 「그래도 우리끼리는」를 『사상계』에 발표.

10월, 「비늘」을 『현대문학』에 발표. 단편 「鶴」이 미국 계간지 *Prairie*

Schooner 가을호에 게재됨.

1964(50세)

2월, 단편 「달과 발과」를 『현대문학』에 발표.

5월, 『너와 나만의 時間』을 정음사에서 간행.

8월부터 장편 『日月』 제3부를 『현대문학』에 연재하여 다음해 1월호에 완결.

12월, 『황순원전집』 전 6권을 창우사에서 간행.

1965(51세)

1월, 장편 『日月』 완결.

4월, 단편 「소리그림자」를 『사상계』에 발표.

6월, 단편 「온기 있는 破片」을 『신동아』에 발표. 단편 「너와 나만의 時間」이 Korea Journal에 게재됨.

7월, 단편 「어머니가 있는 유월의 對話」를 『현대문학』에 발표.

11월, 단편 「아내의 눈길」(발표시의 제목 「메마른 것들」)이 『사상계』에 발표.

12월, 단편 「조그만 섬마을에서」가 『예술원보』 제9집에 발표.

1966(52세)

1월, 「原色오뚜기」 창작, 『현대문학』에 발표.

3월, 장편 『일월』로 3·1문화상 수상.

6월, 단편 「수컷 退化說」을 『문학』에 발표. 단편 「原色오뚜기」가 *Korea Journal*에 게재됨.

8월, 단편 「自然」을 『현대문학』에 발표.

11월, 단편 「닥터 장의 境遇」를 『신동아』에 발표.

11월, 단편 「雨傘을 접으며」를 11월 『문학』에 발표.

단편 「잃어버린 사람들」, 「소나기」, 「왕모래」가 *Die Bunten Schuche*(Horst Erdmann Verlag 社)에 수록됨.

1967(53세)

1월, 단편 「피」를 『현대문학』에 발표.

8월, 「겨울 개나리」를 『현대문학』에 발표. 단편 「차라리 내목을」 『신동아』에 발표.

단편 「잃어버린 사람들」과 장편 『일월』이 영화화됨.

1968(54세)

1월, 단편 「幕은 내렸는데」가 『현대문학』에 발표. 같은 달에 단편 「가랑비」가 *Korea Journal*에 게재됨.

5월부터 장편 『움직이는 城』을 『현대문학』에 연재시작, 10월호까지 제1부 발표.

장편 『나무들 비탈에 서다』, 『카인의 後裔』 영화화 됨.

1969(55세)

5월, 『황순원대표작선집』 전 6권을 조광출판사에서 간행.

7월부터 장편 『움직이는 城』 제2부 1회 분을 『현대문학』에 발표.

12월 7일, 콩트 「무서운 웃음」이 *Korea Times*에 게재됨.

1970(56세)

5월부터 장편 『움직이는 城』 제2부 2회 분을 『현대문학』에 발표.

같은 달에 단편 「너와 나만의 時間」이 필리핀 *Solidarity*誌에 게재됨.

6월, 단편 「鶴」이 *Modern Korean Short Stories and plays*.(국제 펜클럽 한국 본부刊)에 수록됨.

1971(57세)

3월부터 장편 『움직이는 城』 제2부 4회 분을 『현대문학』에 발표.

9월 16일, 콩트 「탈」을 『조선일보』에 발표.

9월 20일, 남북 적십자 첫 예비회담. '외솔회' 이사에 피촉.

1972(58세)

장편 『움직이는 城』 완결.

2월, 단편 「산골아이」 중의 「도토리」가 *Korea Journal*에 게재됨.

4월부터 장편 『움직이는 城』 제3부와 제4부를 『현대문학』 10월호까지 연재하여 완결.

7월 4일, 남북 공동성명 발표.

8월, 단편 「목숨」이 *Korea Journal*에 게재됨.

1973(59세)

5월, 장편 『움직이는 城』을 삼중당에서 간행.

6월, 단편 「鶴」이 *Ten Korean Short Stories*(Korean Studies Institute 刊)에 수록됨.

10월, 장편 『일월』이 『現代韓國文學選集』(日本多樹社 刊) 제1권에 수록됨.

11월 5일, 친구 원응서(元應瑞) 별세.

12월, 단편 「黃老人」이 단편 「曲藝師」가 *Revue de CORÉE* 겨울호에 게

재됨. 『황순원문학전집』 전 7권을 삼중당에서 간행.

1974(60세)

3월, 시 「童話」, 「肖像畵」, 「獻歌」를 『현대문학』에 발표.
3월 24일, 단편 「별」이 Korea Times에 게재됨.
7월, 단편 「숫자풀이」가 『문학사상』에 발표.
8월, 단편 「비바리」가 「갈매기의 꿈」이라는 제목으로 영화화됨.
10월, 단편 「마지막 잔」이 『현대문학』에 발표.
12월, 시 「空에의 의미」를 『현대문학』에 발표.
단편 「너와 나만의 時間」이 Postwar Korean Short Stories(서울대학 출판부刊)에 수록됨.
단편 「鶴」과 「소나기」가 Flowers of Fire: Twentieth Century Korean Stories(Hawaii대학 출판부刊)에 수록됨.

1975(61세)

4월, 단편 「이날의 遲刻」을 『문학사상』에 발표.
6월 29일, 단편 「뿌리」를 『주간조선』에 발표.
10월, 단편 「주검의 장소」 창작, 『문학과 지성』 겨울호에 발표.
11월 1일, 단편 「독 짓는 늙은이」가 Korea Times에 게재됨. 장편 『카인의 後裔』가 The Cry of the Cuckoo(Pan Korea Book Corporation 刊)라는 표제로 간행됨.

1976(62세)

3월, 단편집 『탈』을 문학과지성사에서 간행. 같은 달 「나무와 돌, 그리고」

를 『현대문학』에 발표.

10월, 단편 「달과 발과」가 Korea Journal에 게재됨.

11월 7일, 단편 「이날의 遲刻」이 Korea Times에 게재.

1977(63세)

3월, 시 「돌」, 「늙는다는 것」, 「高熱로 앓으며」, 「겨울 風景」을 『한국문학』에 발표.

4월, 시 「戰爭」, 「링컨이 숨진 집을 나와」, 「位置」, 「宿題」를 『현대문학』에 발표.

9월, 단편 「그물을 거둔 자리」를 『창작과 비평』 가을호에 발표

1978(64세)

2월, 장편 「神들의 주사위」를 『문학과지성』 봄호에 연재 시작.

1979(65세)

5월, 시 「모란 I · II」를 『한국문학』에 발표.

1980(66세)

1월, 장편 『나무들 비탈에 서다』가 Trees on the Cliff(미국 Larchwood 社 刊)라는 표제로 간행됨.

5월 18일, 광주민중항쟁 발발.

8월, 23년 6개월 봉직한 경희대학교에서 정년퇴직하고, 명예교수로 재직

6월, 시 「꽃」을 『한국문학』에 발표.

9월, 단편 「風俗」, 「소라」, 「닭祭」, 「별」, 「黃老人」, 「독 짓는 늙은이」, 「소나

황순원 연보 161

기」, 「鶴」, 「왕모래」, 「비바리」, 「송아지」, 「숫자풀이」, *The Stars*(영국 Heinemann 홍콩 支社刊)라는 표제로 간행됨.

장편 『神들의 주사위』가 『문학과 지성』의 폐간으로 가을호부터 연재 중단됨.

12월, 『황순원전집』 제1권 『늪/기러기』, 제9권 『움직이는 城』이 간행됨.

1981(67세)

5월, 『황순원전집』 제2권 『목넘이마을의 개/곡예사』, 제6권 『별과 같이 살다/카인의 後裔』가 간행됨.

8월, 장편 『神들의 주사위』를 『문학사상』에 처음부터 다시 연재하여 다음해 5월호에 끝냄.

12월, 『황순원전집』 제3권 『鶴/잃어버린 사람들』, 제7권 『人間接木/나무들 비탈에 서다』가 간행됨.

1982(68세)

8월, 『황순원전집』 제4권 『너와 나만의 時間/내일』, 제10권 『神들의 주사위』가 간행됨.

1983(69세)

3월, 시 「浪漫的」, 「關係」, 「메모」를 『현대문학』에 발표.

7월, 『황순원전집』 제8권 『日月』이 간행됨.

12월, 장편 『神들의 주사위』로 대한민국 문학상 본상 수상.

1984(70세)

1월, 단편 「그림자풀이」를 『현대문학』에 발표.

3월, 시 「우리들의 歲月」을 『월간조선』에 발표.

3월 25일, 시 「도박」을 한국일보에 발표.

3월 26일, 작가 고희 맞음.

4월, 『황순원전집』 제5권 『탈/기타』가 간행됨.

7월, 시 「密語」, 「한 風景」, 「告白」을 『현대문학』에 발표.

10월, 시 「기운다는 것」을 『문학사상』에 발표.

12월, 단상 「말과 삶과 自由」 씀.

1985(71세)

3월, 『황순원전집』 제11권 『시선집』, 제12권 『황순원 연구』가 간행됨. 같은 달에 「말과 삶과 自由」를 『말과 삶과 自由』(문학과 지성사)에 수록.

9월, 단편 「나의 竹夫人傳」이 『한국문학』에 발표.

단편 「땅울림」 창작, 『세계의 문학』 겨울호에 발표.

1986(72세)

5월, 「말과 삶과 自由·Ⅱ」를 『현대문학』에 발표.

9월, 「말과 삶과 自由·Ⅲ」를 『현대문학』에 발표.

12월, 『말과 삶과 自由·Ⅳ』를 씀, 『현대문학』(1987.1)에 발표. 자살에 대한 비판, 예수의 자유정신과 이를 부정하는 대심문관인 추가경의 이야기 등에 언급함.

1987(73세)

박종철군 고문치사 사건. 6·29 민주화 선언.

5월, 「말과 삶과 自由·Ⅴ」를 『현대문학』에 발표. 작가로서의 자세, 자유

정신, 고문에 대한 비판, 악마와의 대화에 대해 씀.

1988(74세)

3월, 「말과 삶과 自由・Ⅵ」를 『현대문학』에 발표. '한글 맞춤법 및 표준어 규정'(1987)에 대한 비판과 우려, 애주가로서의 변, 도스토예프스키의 인간에 대한 신뢰 및 그리스도에 대한 애정, 작품을 쓰는 이유에 대해 언급.

1990(76세)

8월 15일, 선친께서 건국훈장 애족장을 추서 받음.

11월, 장편 『日月』이 Sunlight, Moonlight(Sisayoungsa)라는 표제로서 간행됨. 황순원 문학연구에 대한 학위논문 나오기 시작함. 이월영, 「꿈소재 서사문학의 사상적 유형 연구」, 전북대학교 박사논문, 1990.

1991(77세)

양선규, 「황순원 소설의 분석심리학적 연구」, 경북대학교 대학원 박사논문, 1991.12.

1992(78세)

9월, 시 「散策길에서・1」, 「散策길에서・2」, 「죽음에 대하여」, 「微熱이 있는 날 밤」, 「밤 늦어」, 「기쁨은 그냥」, 「숫돌」, 「무서운 아이」를 『현대문학』에 발표.

1994(80세)

박양호, 「황순원 문학연구」, 전북대학교 대학원 박사논문, 1994.2.
장현숙, 「황순원 소설연구」, 경희대학교 대학원 박사논문, 1994.8.

장현숙, 『황순원 문학 연구』(1994.9. 시와시학사), 황순원 문학에 대한 최초의 저서.

1995(81세)
외출 거의 하지 않고 사당동 자택에서 작고할 때까지 지냄.

2000(86세)
9월 14일, 서울 사당동 자택에서 별세.
9월 18일, 장지 충남 천원군 병천면 풍산공원 묘원에 안장됨.

2003(사후 3년)
황순원 기념 사업회 발족.

2009(사후 9년)
6월 13일, 경기도 양평에 황순원문학촌 소나기마을 개장.

2014(사후 12년)
9월 황순원기념사업회 주관으로 소나기마을문학상과 황순원연구상 제정.
12월 17일, 황순원학회 창립.

2014(사후 14년)
9월 5일, 황순원 선생 사모님 양정길 여사 작고.
9월 5일, 14주기 추모식 거행.
12월, 학술지 『황순원연구』 창간.

【황순원 연구논저 발표연대별 목록】

1. 황순원 연구 기본자료

황순원, 『움직이는 城』, 황순원전집 제9권, 문학과지성사, 1989.
_____, 『神들의 주사위』, 황순원전집 제10권, 문학과지성사, 1989.
_____, 『탈/기타』, 황순원전집 제5권, 문학과지성사, 1990.
_____, 『人間接木/나무들 비탈에 서다』, 황순원전집 제7권, 문학과지성사, 1990.
_____, 『鶴/잃어버린 사람들』, 황순원전집 제3권, 문학과지성사, 1991.
_____, 『너와 나만의 時間/내일』, 황순원전집 제4권, 문학과지성사, 1991.
_____, 『늪/기러기』, 황순원전집 제1권, 문학과지성사, 1992.
_____, 『목넘이마을의 개/曲藝師』, 황순원전집 제2권, 문학과지성사, 1992.
_____, 『별과 같이 살다/카인의 後裔』, 황순원전집 제6권, 문학과지성사, 1992.
_____, 『日月』, 황순원전집 제8권, 문학과지성사, 1993.
_____, 『詩選集』, 황순원전집 제11권, 문학과지성사, 1993.
황순원 외, 『말과 삶과 自由』, 문학과지성사, 1985.

오생근 편, 『황순원 연구』, 황순원전집 제12권, 문학과지성사, 1993.
황순원학회편, 『황순원연구총서 1』, 「작가론-총론」, 국학자료원, 2013.7
_____, 『황순원연구총서 2』, 「작가론-주제론」, 국학자료원, 2013.7
_____, 『황순원연구총서 3』, 「작품론-주제론Ⅰ」, 국학자료원, 2013.7
_____, 『황순원연구총서 4』, 「작품론-주제론Ⅱ」, 국학자료원, 2013.7
_____, 『황순원연구총서 5』, 「작품론-구조론Ⅰ」, 국학자료원, 2013.7
_____, 『황순원연구총서 6』, 「작품론-구조론Ⅱ」, 국학자료원, 2013.7
_____, 『황순원연구총서 7』, 「작품론-비교론」, 국학자료원, 2013.7
_____, 『황순원연구총서 8』, 「시론・단평・기타」, 국학자료원, 2013.7

2. 황순원 연구 단행본 참고자료

구수경, 『황순원 소설의 담화양상 연구』, 한국문학도서관, 1987.2.
구인환, 『한국근대 소설연구』, 삼영사, 1983.
구인환・구창환, 『문학의 원리』, 법문사, 1975.
곽종원, 『신인형의 탐구』, 동서문화사, 1965.
권영민, 『소설의 시대를 위하여』, 이우출판사, 1983.
_____, 『해방 40년의 문학・4』, 민음사, 1985.
_____, 『소설과 운명의 언어』, 현대소설사, 1992.
_____, 『한국현대문학사』, 민음사, 1993.
권오룡, 『존재의 변명』, 문학과지성사, 1989.

권택영, 『소설을 어떻게 볼 것인가』, 동서문학사, 1991.

김병익, 『지성과 문학』, 문학과지성사, 1982.

_____, 『열림과 일굼』, 문학과지성사, 1991.

김상태, 『언어와 문학세계』, 이우출판사, 1989.

김선학, 『현실과 언어의 그물』, 민음사, 1988.

김용직, 『한국현대문학의 좌표』, 푸른사상사, 2009.

_____ 편, 『상징』, 문학과지성사, 1988.

김용희, 『현대소설에 나타난 '길'의 상징성』, 정음사, 1986.

김우종, 『한국현대소설사』, 성문각, 1980.

_____, 『현대 소설의 이해』, 이우출판사, 1976.

김윤식, 『한국현대 문학사』, 일지사, 1979.

_____, 『우리 문학의 넓이와 깊이』, 서재헌, 1979.

_____, 『한국근대 문예 비평사 연구』, 일지사, 1982.

_____, 『우리근대 소설 논집』, 이우출판사, 1986.

_____, 『신 앞에서의 곡예 : 황순원 소설의 창작방법론』, 문학수첩, 2009.

김윤식·김현, 『한국문학사』, 민음사, 1984.

김윤식·정호응, 『한국문학의 리얼리즘과 모더니즘』, 민음사, 1989.

김윤정, 『황순원 문학연구』, 문학시대사, 2003.

김은전 외, 『한국현대시사의 쟁점』, 시와시학사, 1991.

김재홍, 『한국 현대 시인 연구』, 일지사, 1987.

_____, 『현대시와 역사의식』, 인하대출판부, 1988.

_____, 『한국현대 문학의 비극론』, 시와시학사, 1991.

김종호, 『실존과 소외』, 성균관대출판부, 1980.

김주연, 『현대문학과 기독교』, 문학과지성사, 1984.

김종성,『한국 환경생태소설연구』, 서정시학, 2012

_____,『한국어 어휘와 표현·1』, 서정시학, 2014

_____,『한국어 어휘와 표현·2』, 서정시학, 2015

김종회,『현실과 문학의 상상력』, 수필문학사, 1990.

_____,『한국소설의 낙원의식 연구』, 문학아카데미, 1990.

_____,『문화통합시대의 문학』, 문학수첩, 2004.

_____ 외,『황순원 소나기 마을의 OSMU와 스토리텔링』, 랜덤하우스코리아, 2006.

_____ 편,『황순원』, 새미, 1998.

김천영 편저,『연표 한국 현대사』, 한울림, 1985.

김 철,『잠 없는 시대의 꿈』, 문학과지성사, 1989.

김치수,『문학과 비평의 구조』, 문학과지성사, 1984.

김태곤,『한국 무속 연구』, 집문당, 1981.

김태순,『황순원 소설의 인물유형과 크로노토프』, 백산출판사, 2005.

김 현,『사회와 윤리』, 일지사, 1974.

김 현·김윤식,『한국문학사』, 민음사, 1984.

김 현·김주연 편,『문학이란 무엇인가』, 문학과지성사, 1976.

김화영,『문학 상상력의 연구』, 문학사상사, 1989.

_____,『프랑스 문학 산책』, 세계사, 1989.

남진우,『바벨탑의 언어』, 문학과지성사, 1989.

노승욱,『황순원 문학의 수사학과 서사학』, 지교, 2010.

문덕수,『한국 모더니즘시 연구』, 시문학사, 1981.

문학사와 비평연구회 편,『1950년대 문학 연구』, 예하, 1991.

박양호,『황순원 문학연구』, 박문사, 2010.

박이도, 『한국 현대시와 기독교』, 종로서적, 1987.

박이문, 『하나만의 선택』, 문학과지성사, 1983.

박철희, 『서정과 인식』, 이우출판사, 1982.

박철희·김시태, 『문예비평론』, 문학과비평사, 1988.

_____, 『문학의 이론과 방법』, 이우출판사, 1989.

_____, 『작가 작품론 1/시』, 문학과비평사, 1990.

박혜경, 『황순원 문학의 설화성과 근대성』, 소명, 2001.

백낙청, 『민족문학과 세계문학』, 창작과비평사, 1978.

_____, 『현대문학을 보는 시각』, 솔, 1991.

백 철·이병기, 『국문학전사』, 신구문화사, 1981.

서재원, 『김동리와 황순원 소설의 낭만성과 역사성』, 월인, 2005.

서준섭, 『한국 모더니즘 문학 연구』, 일지사, 1988.

송건호 외, 『해방 전후사의 인식·1』, 한길사, 1989.

송하섭, 『한국 현대 소설의 서정성 연구』, 단국대출판부, 1989.

송하춘, 『발견으로서의 소설기법』, 현대문학사, 1993.

_____, 『한국현대장편소설사전』, 고려대출판부, 2013.

송현호, 『황순원』, 건국대출판부, 2000.

신동욱, 『문학의 해석』, 고려대출판부, 1976.

_____, 『우리 이야기 문학의 아름다움』, 한국연구원, 1981.

_____, 『한국 현대 문학론』, 박영사, 1981.

_____, 『우리의 삶과 문학』, 고려원, 1985.

_____, 『삶의 투시로서의 문학』 문학과지성사, 1988.

_____, 『현대 작가론』, 개문사, 1988.

신현하 편, 『일본문학사』, 학문사, 1986.

안 영,『가슴에 묻은 한마디』, 한국소설가협회, 2004.

안영례,『황순원 소설에 나타난 꿈 연구』, 한국문학도서관, 1982.

양병식,『현대 프랑스 문학론집성』, 교음사, 1988.

염무웅,『민중시대의 문학』, 창작과비평사, 1979.

오세영,『문학연구 방법론』, 이우출판사, 1988.

_____,『문학이란 무엇인가』, 서정시학, 2013.

오연희,『황순원의 日月연구』, 한국학술정보, 2007.

우한용,『한국 현대 소설 구조 연구』, 삼지원, 1990.

원형갑,『문학과 실존의 언어』, 홍익재, 1981.

유종호,『산문정신고』, 나남문학선, 1991.

유종호 외,『현대 한국 작가 연구』, 민음사, 1979.

윤명구 외,『문학개론』, 현대문학사, 1991.

윤병로,『소설의 이해』, 성균관대출판부, 1982.

윤재근,『문학비평의 논리와 실제』, 이우출판사, 1986.

이남호,『文學의 偽足・2』, 민음사, 1990.

이동렬,『문학과 사회묘사』, 민음사, 1990.

이동하,『물음과 믿음사이』, 민음사, 1989.

_____,『현대소설의 정신사적 연구』, 일지사, 1989.

이명재,『변혁기의 한국문학』, 문학세계사, 1990.

이보영,『문예총서 12・황순원』, 지학사, 1985.

이보영 편저,『황순원』, 지학사, 1985.

이상섭,『문학의 이해』, 서문당, 1973.

이상우 외,『문학비평의 이론과 실제』, 집문당, 2005.

이선영,『문예사조사』, 민음사, 1987.

이선영 편,『문학비평의 방법과 실제』, 동천사, 1988.
이승훈,『시작법』, 문학과 비평사, 1988.
이옥순,『한국문학사』, 동아대출판부, 1985.
이유식,『한국소설의 위상』, 이우출판사, 1982.
이인복,『한국문학에 나타난 죽음의식의 사적 연구』, 열화당, 1979.
이재선,『한국 현대 소설사』, 홍성사, 1979.2.
_____,『한국문학의 지평』, 새문사, 1981.
_____,『한국문학의 해석』, 새문사, 1981.
_____,『한국문학 주제론』, 서강대 출판부, 1991.
_____,『현대한국소설사』, 민음사, 1991.
_____,『한국 현대 소설 작품론』, 문장, 1993.
이정숙,『한국근대 작가 연구』, 삼지원, 1985.
_____,『한국 현대 장편소설 연구』, 삼지원, 1990.
이정탁,『한국문학 사상사 연구』, 학문사, 1991.
이태동,『한국 현대 소설의 위상』, 문예출판사, 1987.
_____,『황순원』, 서강대학교출판부, 1997.
이 호,『한국 전후소설과 중국 신시기소설의 비교연구 : 황순원과 왕멍(王蒙)의 작품을 중심으로』, 국학자료원, 2011.
임헌영,『한국 현대 문학 사상사』, 한길사, 1988.
장사선,『한국 리얼리즘 문학론』, 새문사, 1988.
장현숙,『황순원 문학연구』, 시와시학사, 1994.
_____,『황순원 문학연구』, 형설출판사, 2001.
_____,『황순원 다시 읽기』, 한국문화사, 2004.
_____,『현실인식과 인간의 길』, 한국문화사, 2004.

_____, 『황순원 문학연구』, 푸른사상사, 2005.

_____, 『한국현대문학사에서 본 황순원 문학 연구』, 푸른 사상, 2013.

전광용, 『한국현대 소설사 연구』, 민음사, 1984.

정과리, 『문학·존재의 변증법』, 문학과지성사, 1985.

정명환 외, 『20세기 이데올로기와 문학사상』, 서울대출판부, 1981.

정병조 외, 『영미문학 입문』, 성균관대 출판부, 1983.

정수현, 『황순원 소설 연구』, 한국학술정보, 2006.

정한모, 『현대시론』, 보성문화사, 1993.

정한숙, 『현대 한국 소설론』, 고려대출판부, 1986.

전혜자, 『현대 소설사 연구』, 새문사, 1987.

조남현, 『문학과 정신사적 자취』, 이우출판사, 1984.

_____, 『한국 현대 소설사 연구』, 민음사, 1984.

_____, 『삶과 문학적 인식』, 문학과지성사, 1988.

_____, 『우리 소설의 넓이와 깊이』, 『문학정신』, 1989.1월호.

_____, 『한국소설과 갈등』, 문학과비평사, 1990.

_____, 『소설원론』, 고려원, 1991.

_____, 『한국 현대 소설사 2 : 1930-1945』, 문학과지성사, 2012.

조연현, 『문학과 그 주변』, 인간사, 1958.

_____, 『황순원 단장』, 현대문학, 1964.

_____, 『한국 현대 소설의 이해』, 일지사, 1975.

_____, 『한국 현대 문학사』, 성문각, 1980.

_____, 『한국 현대 작가 연구』, 새문사, 1981.

조용만, 『세계문학소사』, 박영사, 1989.

조진기, 『한국 근대 리얼리즘 소설 연구』, 새문사, 1989.

진형준, 『깊이의 시학』, 문학과지성사, 1986.
_____, 『또 하나의 세상』, 청하, 1988.
천이두, 『종합에의 의지』, 일지사, 1974.
_____, 『문학과 시대』, 문학과지성사, 1982.
_____, 『한국 현대 소설론』, 형설출판사, 1983.
_____, 『한국 소설의 관점』, 문학과지성사, 1985.
_____, 『한국 현대 소설 작품론』, 1993
최동호, 『현대시의 정신사』, 열음사, 1985.
_____, 『불확정 시대의 문학』, 문학과지성사, 1987.
최유찬, 『문학의 통일성이론』, 서정시학, 2013.
한국괴테협회 편, 『파우스트 연구』, 문학과지성사, 1986.
한국문학연구회, 『1950년대 남북한 문학』, 평민사, 1991.
한국문학평론가협회 편, 『한국 문학 비평 선집』 제1집, 이우출판사, 1981.
한국카프카학회 편, 『카프카 연구』, 범우사, 1984.
한 기, 『전환기의 사회와 문학』, 문학과지성사, 1991.
한승옥, 『한국 현대 장편소설 연구』, 민음사, 1989.
한용환, 『한국 소설론의 반성』, 이우출판사, 1984.
허명숙, 『황순원 소설의 이미지 읽기』, 월인, 2005.
현길언, 『한국 소설의 분석적 이해』, 문학과 비평사, 1991.
홍정선, 『역사적 삶과 비평』, 문학과지성사, 1986.
_____, 『해방 50년 한국의 소설』, 한겨레, 1995.
홍정운, 『신념의 언어와 예술의 언어』, 오상출판공사, 1985.

3. 황순원 연구논저 발표연대별 목록

1) 단평자료 및 소논문

이석훈, 「문학풍토기—평양편」, 『인문평론』, 1940.8.
남궁만, 「황순원 저『황순원 단편집』을 읽고」, 매일신보, 1941.4.3.
김성욱, 「시와 인형」, 『해동공론』, 1952.3; 『언어의 파편』, 지식산업사, 1982.10 재수록.
곽종원, 「황순원론」, 『문예』, 1952.9; 『신인간형의 탐구』, 동서문화사, 1955.10 재수록.
천이두, 「인간속성과 모랄」, 『현대문학』, 1958.11.
조연현, 「서정적 단편」, 『문학과 그 주변』, 인간사, 1958.
이어령, 「식물적 인간상」, 『사상계』, 1960.4.
김운학, 「황순원론」, 『국어국문학연구논문집』 통권 제10집, 경북대, 1960.12.
백 철, 「전환기의 작품 자세」, 『동아일보』, 1960.12.10~11.
_____, 「작품은 실험적인 소산」, 『한국일보』, 1960.12.18.
황순원, 「비평에 앞서 이해를」, 『한국일보』, 1960.12.21.
황순원, 「한 비평가의 정신자세」, 『한국일보』, 1960.12.21.
원형갑, 「『나무들 비탈에 서다』의 背地(상·중·하)」, 『현대문학』, 1961.1~3.
정태용, 「전후세대와 니힐리즘—『나무들 비탈에 서다』를 읽고」, 『민국일보』, 1961.4.14.
천이두, 「『나무들 비탈에 서다』의 기점(상·하)」, 『현대문학』, 1961.12~1962.1; 「자의식과 현실」, 『종합에의 의지』, 일지사, 1974.11 재수록.

정창범, 「황순원론」, 『문학춘추』 제1권, 제5호, 1964; 『율리시즈의 방황』, 창원사, 1975.1 재수록.

구창환, 「傷處받은 世代-黃順元의 『나무들 비탈에 서다』를 論」 함, 『조대문학』 통권 제5집, 1964.

조연현, 「황순원 단장」, 『현대문학』, 1964.11.

＿＿＿, 「黃順元論」, 『예술논문집』 통권 제3집, 1964.

김상일, 「순원 문학의 위치」, 『현대문학』, 1965.4.

구창환, 「황순원 문학 서설」, 『조선대 어문학논총』 통권 제6호, 1965.

고　은, 「室內作家論 ③」, 『월간문학』 제2권 제5호, 1965.5.

김병걸, 「억설의 분노」, 『현대문학』, 1965.7.

심연섭, 「황순원씨신동아 인터뷰」, 『신동아』 제3권 제4호, 1966.4.

김교선, 「成層的 美的 構造의 小說-黃順元의 「原色 오뚜기」에 대하여」, 『현대문학』, 1966.5.

김치수, 「외로움과 그 극복의 문제」, 『문학』 제1권, 제8호, 1966; 오생근 편, 『황순원연구』, 황순원전집 제12권, 문학과지성사, 1985.3 재수록.

김상일, 「황순원의 문학과 악」, 『현대문학』, 1966.11.

박정자, 「성숙과 고민」, 『성대문학』 통권 제12집, 1966.

이호철, 「문학을 숙명으로서 받아들이는 자세」, 『현대문학』, 1966.12.

김우종, 「명작에서 본 母象 10態(6)—황순원작 「寡婦」」, 『대한일보』, 1967.6.10.

정전길, 「황순원 문학 점묘-「독 짓는 늙은이」, 「曲藝師」, 「별」 등, 고려대 『교양』, 1967.12.

천이두, 「토속적 상황 설정과 한국 소설」, 『사상계』 통권 제188호, 1968. 『한국소설의 관점』, 문학과지성사, 1980.3 재수록.

고 은, 「실내작가론·3·황순원」, 『월간문학』 제2권 제5호, 1969.5.

천이두, 「黃順元의 文學」, 『신한국문학전집 14』, 어문각, 1970.

이보영, 「황순원의 세계」(상·하), 『현대문학』, 1970.2~3; 오생근 편, 『황순원 연구』, 황순원 전집 제12권, 문학과지성사, 1985.3 재수록.

천이두, 「시와 산문」, 『한국대표 문학전집』 제6권, 삼중당, 1970.5; 『綜合에의 意志』, 일지사, 1974.11 재수록

황순원, 「대표작 자선자평―유랑민 근성과 시적 근원」(대담), 『문학사상』 제1권, 제2호 1972.11.

이형기, 「유랑민의 비극과 무상의 성실」, 『황순원문학전집』 제1권, 삼중당, 1973.12.

천이두, 「綜合에의 意志」, 『현대문학』, 1973.8; 『綜合에의 意志』, 일지사, 1974.11 재수록.

_____, 「부정과 긍정」, 『황순원문학전집』 제2권, 삼중당, 1973.12; 『綜合에의 意志』, 일지사, 1974.11 재수록.

원응서, 「그의 인간과 단편집 『기러기』」, 『황순원문학전집』 제3권, 삼중당, 1973.12; 오생근 편, 「황순원 연구」, 『황순원전집』 제12권, 문학과지성사, 1985.3 재수록.

김병익, 「찢어진 동천사상의 복원」, 『황순원문학전집』 제4권, 삼중당, 1973.12; 『한국문학의 의식』, 동화출판공사, 1976.1 재수록.

김병익, 「수난기의 결벽주의자」, 『황순원문학전집』 제5권, 삼중당, 1973.12; 『한국문학의 의식』, 동화출판사, 1976.1 재수록.

김 현, 「소박한 수락」, 『황순원문학전집』 제6권, 삼중당, 1973.12; 『사회와 윤리』, 일지사, 1974; 오생근 편, 「황순원 연구」, 『황순원전집』 제12권, 문학과지성사, 1985.3 재수록.

천이두, 「서정과 위트」, 『황순원문학전집』 제7권, 삼중당, 1973.12.

원형갑, 「버림받은 언어권―움직이는 城의 인물들」, 『현대문학』 제20권, 제3호, 1974.3.

이보영, 「황순원 재고」, 『월간문학』 제7권, 제8호 1974.8.

이정숙, 「황순원 소설에 나타난 인간상」, 『서울대 대학원 논문집』, 1975.

염무웅, 「8·15 직후의 한국문학」, 『창작과 비평』, 1975. 가을호; 『민중시대의 문학』, 창작과비평사, 1979.4 재수록.

김윤식, 『韓國現代文學史』, 일지사, 1976.

서기원, 「여자의 다리」, 문학과지성사 제7권, 제2호, 1976.6.

김병익, 「순수문학과 그 역사성―황순원의 최근의 작업」, 『한국문학』 제4권 제7호, 1976.7.

국제 펜클럽 한국본부, 「서평―감성의 섬세한 印盡―『탈』 황순원 지」, 『펜뉴스』 제2권 제2호, 1976.7.

천이두, 「원숙과 패기」, 『문학과 지성』, 1976. 여름호.

김병익, 「순수문학과 그 역사성」, 『한국문학』, 1976. 『상황과 상상력』, 문학과지성사, 1979.7; 오생근 편, 『황순원 연구』, 황순원전집 제12권, 문학과지성사, 1985.3 재수록.

홍기삼, 「유랑민의 서사극」, 『한국문학대전집』, 태극출판사, 1976.6.

황순원, 「인터뷰 기사」, 『조선일보』, 1976.10.20.

구창환, 「황순원의 생명주의 문학―『카인의 후예』를 論함」, 『한국언어문학』 통권 제4호, 한국언어문학회, 1976.

이선영, 「인정·허망·자유―황순원 「탈」, 서정인 「강」, 이정환 「까치방」, 『창작과 비평』, 제11권, 제3호, 1976.9.

이기서, 「小說에 있어서의 象徵問題―黃順元의 『움직이는 城』을 中心으로」, 고려대학교 『어문논집』 제19집, 1977.

노대규, 「소나기의 문체론적 고찰」, 『연세어문학』 통권 제9·10합집, 1977.6.

이기야, 「소설에 있어서의 상징문제-황순원의 『움직이는 城』을 중심으로」, 『어문논집』 통권 제19호, 고려대, 1977.9.

최래옥, 「황순원 '소나기'의 구조화 의미」, 『국어교육』 통권 제31호, 한국국어교육연구회, 1977.12.

장수자, 「Initiadon Story 연구」, 전국대학생 학술논문대회 논문집 제3호, 이화여대, 1978.

윤명구, 「황순원 소설 세계의 변모-『황순원전집』 소재 장편소설을 중심으로」, 『국어교육연구』 통권 제2호, 1978.3.

김정자, 「황순원과 김승옥의 문체연구-通語論적 측면에서 본 시도」, 『한국문학총론』 통권 제1호 1978.12.

김윤식, 「황순원론」, 『우리 문학의 넓이와 깊이』, 서재헌, 1979.

김희보, 「황순원의 『움직이는 城과 무속신앙-M. Eliade의 예술론을 중심하여」, 『기독교 사상』 통권 제247호, 1979.1.

김병택, 「결말에 대한 작가의 시선-「운수 좋은 날」, 「금 따는 콩밭」, 「메밀꽃 필 무렵」, 「소나기」의 경우」, 『현대문학』 제25권 제1호, 1979.1.

이재선, 「황순원과 통과제의의 소설」, 『한국 현대 소설사』, 홍성사, 1979.2.

이인복, 「황순원의 「별」 「독짓는 늙은이」 「목넘이마을의 개」, 『한국문학에 나타난 죽음의식의 사적 연구』, 열화당, 1979.9.

구인환, 「小說의 劇的 構造의 樣相-『움직이는 城』을 中心으로」, 『국어국문학』 제81호, 1979.12.

유종호,「黃順元論」,『동시대의 시와 진실』, 민음사, 1980.

김　현,「해방 후 한국사회와 황순원의 작품세계」, 대학주보, 경희대, 1980.9.15(상) 9.22(하).

황순원, 전상국과의 대담,「문학과 더불어 한평생」, 대학주보 경희대, 1980.9.15.

이태동,「실존적 현실과 미학적 현현」,『현대문학』, 1980.11; 오생근 편, 『황순원연구』, 황순원전집 제12권, 문학과지성사, 1985.3 재수록.

김　현,「안과 밖의 변증법」,『황순원전집』제1권, 문학과지성사, 1980.12.

이상섭,「'유랑민 근성'과 '창조주의 눈'」,『황순원전집』제9권, 문학과지성사, 1980.12.

이용남,「調信蒙의 小說化 문제―「잃어버린 사람들」「꿈」을 중심으로」, 『관악어문연구』통권 제5집, 1980.

황순원,「인터뷰 기사」,『서울신문』, 1980.12.27.

김우종,「3·8선의 문학과 황순원」,『한국현대 소설사』, 성문각, 1980.

김인환,「인고의 미학」,『황순원전집』제6권, 문학과지성사, 1981.5.

유종호,「겨레의 記憶」,『황순원전집』제2권, 문학과지성사, 1981.5.

홍정운,「황순원론―『움직이는 城』의 실체」,『현대문학』제27권 제7호, 1981.7.

송상일,「순수와 초월」,『황순원전집』제7권, 문학과지성사, 1981.12.

조남현,「순박한 삶의 파괴와 회복」,『황순원전집』제3권, 문학과지성사, 1981.12.

장덕순,『한국 설화 문학 연구』, 서울대 출판부, 1981.

조연현,『한국현대작가연구』, 새문사, 1981.

권영민,「일상적 경험과 소설의 수법」,『황순원전집』제4권, 문학과지성

사. 1982.8.

김치수, 「소설의 조직성」, 『황순원전집』 제10권, 문학과지성사, 1982.8.

조기원, 「현대단편소설의 문체론적 연구 : 김동리와 황순원을 중심으로」, 고려대 교육대학원 석사논문, 1982.9.10.

정다비, 「서평—사랑의 두 모습— 이청준『시간의문』, 황순원『神들의 주사위』」, 『세계의 문학』 제7권, 제4호, 1982.12.

천이두, 「전체소설로서의 국면들」, 『현대문학』, 1982.12.

이유식, 「전후소설에 나타난 문장변천」, 『한국 소설의 위상』, 이우출판사, 1982.

우한용, 「現代小說의 古典 受容에 관한 硏究—『움직이는 城』과 敍事巫歌 '七公主'의 관련성을 中心으로」, 『국어국문학』 제23집, 전북대학교 1983.

이동하, 「한국소설과 구원의 문제」, 『현대문학』, 1983.5.

성민엽, 「존재론적 고독의 성찰」, 『황순원전집』 제8권, 문학과지성사, 1983.7.

천이두, 「청상의 이미자—오작녀」, 『한국현대소설론』, 형설출판사, 1983.

채명식, 「人間의 意志와 神의 攝理—『神들의 주사위』를 중심으로」, 동국대학교『국어국문학논문집』 제12집 1983.

정과리, 「사랑으로 감싸는 의식의 외로움」, 『황순원전집』 제5권, 문학과지성사, 1984.4.

김영화, 「황순원의 소설과 꿈」, 『월간문학』 제17권 제5호, 1984.5.

김동선, 「황고집의 미학, 황순원 가문」, 『정경문화』, 1984.5; 오생근 편,『황순원 연구』, 황순원전집 제12권, 문학과지성사, 1985.3 재수록.

조남현, 「황순원의 초기 단편소설」, 『한국현대소설사연구』, 민음사, 1984.11.

김주연, 「한국문학 왜 감동이 없는가」, 『문예중앙』, 1984. 가을호.

김 현·김윤식, 『한국문학사』, 민음사, 1984.

김병익, 「한국소설과 한국기독교」, 김주연 편, 『현대문학과 기독교』, 문학과지성사, 1984.

김봉군·이용남·한상무 공저, 『한국 현대 작가론』, 민지사, 1984.

김영화, 「황순원의 단편소설 I—해방전의 작품을 중심으로」, 『한국언어문학』 통권 제23집, 한국언어문학회, 1984.

김치수, 「소설의 조직성과 미학—黃順元의 小說」, 『문학과 비평의 구조』, 문학과지성사, 1984.

조남현, 『문학과 정신사적 자취』, 이우출판사, 1984.

김운기, 「황순원 시고」, 『국제어문』 통권 제2집, 1985.2.

방경태, 「황순원「별」의 모티브와 작중인물연구」, 『대전어문학』, 1985.2.

권영민, 「황순원의 문체 그 소설적 미학」, 『말과 삶과 自由』, 문학과지성사, 1985.3.

김상태, 「한국현대소설의 문체변화」, 「말과 삶과 自由」, 문학과지성사, 1985.3.

김주연, 「싱싱함. 그 생명의 미학」, 『황순원전집』 제11권, 문학과지성사, 1985.3.

김치수, 「소설의 사회성과 서정성」, 『말과 삶과 自由』, 문학과지성사, 1985.3.

김 현, 「계단만으로 된 집」, 『말과 삶과 自由』, 문학과지성사, 1985.3.

오생근, 「전반적 검토」, 『황순원연구』, 황순원전집 제12권, 문학과지성사, 1985.3.

정과리, 「현실의 구조화」, 『말과 삶과 自由』, 문학과지성사, 1985.3.

최동호, 「동경의 꿈에서 피사의 사탑까지」, 『말과 삶과 自由』, 문학과지성사, 1985.3.

최정희·오유권·서정범·이호철,「황순원과 나」,『말과 삶과 自由』, 문학과지성사, 1985.3.

홍정선,「이야기의 소설화와 소설의 이야기화」,『말과 삶과 自由』, 문학과지성사, 1985.3.

김병익,「장인정신과 70년대 문학의 가능성 돋보여—고희 맞은 황순원과 그의 문학세계」,『마당』, 통권 제44호, 1985.4.

홍정운,「신념의 언어와 예술의 언어」, 오상출판공사, 1985.

천이두,「밝음의 美學—人間接木論」,『한국소설의 문제작』, 백철·구인환·윤재근, 도서출판 一念, 1985.

이정숙,「민요의 소설화에 대한 고찰—「명주가」와「비늘」을 중심으로」,『한성대 논문집』, 1985.

이정숙,「지속적 자아와 변모하는 삶」,『한국근대작가연구』, 三知院 1985.

김병욱,「황순원 소설의 꿈 모티브」,『문학과 비평』, 1985.5.

이보영,「인간 회복에의 물음과 해답」,「작가로서의 황순원」,『황순원』, 문예총서 12, 지학사, 1985.7.

진형준,「모성으로 감싸기, 그에 안기기—황순원론」,『세계의문학』, 민음사, 1985. 가을호.

신춘호,「황순원의「황소들」론」,『충주문학』통권 제3집, 1985.10.

전영태,「이청준 창작집과 황순원의 단편소설」,『광장』통권 제146호 1985.10.

이동하,「주제의 보편성과 기법의 탁월성—황순원의『잃어버린사람들』」,『정통문학』1985.

한승옥,「黃順元 長篇小說 硏究—罪意識을 中心으로」,『숭실어문』, 제2집,

숭실대학교 국어국문학회, 1985.

김윤식, 「민담, 민족적 형식에의 길」, 『소설문학』, 1986.3.

구인환, 「「별」의 이미지와 空間」, 『봉죽 박붕배박사 회갑기념 논문집』, 1986.

김윤식, 『우리 근대 소설 논집』, 이우출판사, 1986.

─────, 「민담 또는 민족적 형식」, 『우리근대소설논집』, 이우출판사, 1986.

전영태, 「6·25와 분단 시대의 소설」, 『한국문학』 제14권 제6호, 통권 152호, 1986.

장현숙, 「황순원 초기 작품 연구─단편집 『늪』을 중심으로」, 『경원공업전문대 논문집』 통권 제7집, 1986.

정한숙, 「한국전후 소설의 양상」, 『현대한국소설론』, 고려대 출판부, 1986.

정호웅, 「분단소설의 새로운 넘어섬을 위하여」, 『한국문학』 제14권 제6호, 통권 152호, 1986.

김용희, 『현대 소설에 나타난 '길'의 상징성』, 정음사, 1986.

신동욱, 「황순원 소설에 있어서 한국적 삶의 인식연구」, 『동양학』 16집, 단국대 동양학 연구소, 1986; 『삶의 투시로서의 문학』, 문학과 지성사, 1988 재수록.

황순원, 「말과 삶과 自由·IV」, 『현대문학』 통권 제385호, 1987.1.

김종회, 「삶과 죽음의 존재 양식─황순원 단편집 『탈』을 중심으로」, 『고황논집』 통권 제2집, 경희대 대학원, 1987.

강혜자 역, 「동서시학의 상징비교」, 『문학과 비평』 통권 제1호, 1987. 봄(창간호).

이동하, 「소설과 종교」, 『한국문학』, 1987.7.8.9.

홍정운, 「황순원론─『움직이는 城』의 실체」, 『현대문학』 제27권 제7호,

1987.7.

이동하, 「전통과 설화성의 세계」, 『한글 새 소식』, 1987.12~1988.1.

윤지관, 「『日月』의 정치적 차원」, 『문학과 비평』, 1987. 가을호.

이부영, 「심리학적 상징으로서의 동굴」, 『문학과 비평』, 1987. 가을호.

조남현, 「문학사회학의 수용양태와 그 문제점」, 『문학과 비평』, 1987. 가을호.

이동하, 「입사소설의 한 모습」, 『한글학보』, 1987. 겨울호.

김선학, 「함께 살아온 문학의 모습 2・小說-『땅울림』, 『고통의 뿌리』, 『降雪』, 『현실과 언어의 그물』, 민음사, 1998.

김용성, 「한국 소설의 시간 의식」, 『현대문학』 통권 제397・398호, 1988.1.2.

이동하, 「황순원론, 파멸의 길과 구원의 길-『별과 같이 살다』에 대하여」, 『문학사상』, 1988.3.

이동하, 「말하지 않고 있는 것의 중요성」, 『한국문학』, 1988.3.

한승옥, 「황순원 문학의 색채론」, 『동서문학』, 1988.3.

김선학, 『현실과 언어의 그물』, 민음사, 1988.

양선규, 「어린 외디푸스의 고뇌-황순원의 「별」에 관하여」, 『文學과 言語』 통권 제9집, 1988.

이재선, 「전쟁체험과 50년대 소설」, 『현대문학』 통권 제409호, 1989.1.

조남현, 「우리 소설의 넓이와 깊이, 황순원의 『카인의 후예』」, 『문학정신』, 1989.1.2.

_____, 「우리 소설의 넓이와 깊이, 『나무들 비탈에 서다』, 그 외연과 내포」, 『문학정신』, 1989.4.5.

송하섭, 『한국현대소설의 서정성 연구』, 단국대 출판부, 1989.

이동하, 「전통과 설화성의 세계-황순원의 「기러기」」, 『물음과 믿음사이』,

민음사, 1989.
이동하, 「입사 소설의 한 모습」, 『물음과 믿음사이』, 민음사, 1989.
최동호, 「1950년대의 시적흐름과 정신사적 의의」, 『현대문학』 통권 제409호, 1989.
양선규, 「황순원 초기 단편 소설 연구 <1>」, 『개신어문 연구』 통권 제7집, 1990.
노귀남, 「황순원 시세계의 변모를 통해서 본 서정성 고찰」, 『고황논집』 통권 제6집, 1990.
이남호, 「물 한 모금의 의미」, 『문학의 僞足·2』, 민음사, 1990.
조남현, 「한국소설과 갈등」, 『문학과 비평』, 1990.
우한용, 「소설의 양식차원과 장르차원―황순원의 별과 같이 살다」, 『한국현대소설 구조 연구』, 三知院, 1990.
_____, 「소설 구조의 기호론적 특성―황순원의 神들의 주사위」, 『한국현대소설 구조 연구』, 三知院, 1990.
_____, 「민족성의 근원추구―황순원의 움직이는 城」, 『한국 현대소설 구조 연구』, 三知院, 1990.
이정숙, 「자아인식에의 여정―황순원 『움직이는 城』」, 『한국현대 장편소설 연구』, 삼지사, 1990.
_____, 「인간의 내면과 원형의 탐구」, 『한국현대 장편소설 연구』, 삼지사, 1990.
서종택·정덕준, 『한국현대소설 연구』, 새문사, 1990.
김종회, 「소설의 조직성과 해체의 구조」, 『현실과 문학의 상상력』, 교음사, 1990.
장현숙, 「황순원, 민족 현실과 이상과의 괴리―단편집 『기러기』를 중심으

　　　　　로(Ⅰ)」,『경원전문대 논문집』통권 제13집, 1991.4; 오생근 편, 『황순원 연구』, 황순원전집 제12권, 문학과지성사, 1993 재수록.
_____, 「황순원 소설에 나타난 현실인식과 지향성—단편집『기러기』를 중심으로(Ⅱ)」,『경원전문대 논문집』통권 제13집, 1991.4.
구인환,「황순원 소설의 극적 양상」,『선청어문』통권 제19집, 서울대 사범대학 국어교육과, 1991.
유종호,「현실주의 상상력」,『산문정신고』, 나남문학선, 1991.
현길언,「변동기 사회에서 <집>과 <토지>의 문제, 황순원의「술」「두꺼비」「집」」,『한국소설의 분석적 이해』, 문학과비평사, 1991.
나경수,「「독짓는 늙은이」원형 재구」,『한국 언어 문학』통권 제30집, 1992.6.
송현호,「황순원의「목넘이마을의 개」」,『한국 현대소설의 이해』, 민지사, 1992.
전흥남,「해방직후 황순원 소설 일고」,『현대문학이론연구』통권 제1호, 현대문학이론학회, 1992.
장현숙,「해방후 민족현실과 해체된 삶의 형상화—단편집『목넘이마을의 개』를 중심으로」,『어문연구』제21권, 제1·2호(77·78 합병호), 1993.
_____,「전쟁의 상흔과 인간긍정의 철학—단편집『곡예사』를 중심으로」, 『경원전문대논문집』통권 제16집, 1993.
오생근,「전반적 검토」,『황순원 연구』, 황순원전집 제12권, 문학과지성사, 1993.
이재선·조동일 편,『한국현대소설 작품론』, 문장, 1993.
천이두,「황순원의『소나기』—시적 이미지의 미학」, 이재선·조동일 편,『한국현대소설 작품론』, 문장, 1993.

권택영,「대중문화를 통해 라깡을 이해하기」,『현대시사상』, 1994. 여름호.
장현숙,『황순원 문학연구』, 시와시학사, 1994.9.
방민호,「현실을 포회하는 상징의 세계」,『관악어문연구』, 1994.12.
방경태,「황순원「별」의 모티프와 작중인물 연구」,『대전어문학』, 1995.2.
이동길,「해방기의 황순원 소설 연구」,『어문학』통권 제56호, 한국어문학회, 1995.2.
이재복,「어머니 꿈꾸기의 시학-황순원의『인간접목』론」,『한국언어문화』제13호, 한국언어문화학회, 1995.
서준섭,「이야기와 소설-단편을 중심으로」,『작가세계』제7권 제1호, 1995. 봄호.
조건상,『1950년대 문학의 이해』, 성균관대 출판부, 1996.
조현일,「근대 속의 이야기」,『소설과 사상』, 1996. 겨울호.
김주현,「『카인의 후예』의 개작과 반공 이데올로기의 문제」,『민족문학사 연구』, 통권 제10호, 1997.
이경호,「『나무들 비탈에 서다』의 타자성 연구」, 한양어문학회 편,『1950년대 한국문학 연구』, 보고사, 1997.
노승욱,「황순원 단편 소설의 환유와 은유」,『외국문학』, 열음사, 1998. 봄호.
권영민,「선생의 영전에 삼가 명복을 빕니다」,『문학사상』, 2000.10.
김종회,「황순원 문학의 순수성과 완결성, 그 거목의 형상」,『현대문학』, 통권 제550호, 2000.10.
감태준,「선생님 가실 때」(시),『현대문학』통권 제551호, 2000.11.
김용성,「정의와 정서와 정결과 정숙」,『현대문학』통권 제551호, 2000.11.
서정범,「영원한 잠」,『현대문학』통권 제551호, 2000.11.

서기원, 「선생님에 대한 나의 심상」, 『현대문학』 통권 제551호, 2000.11.
신동호, 「잘난 스승, 못난 제자」, 『현대문학』 통권 제551호, 2000.11.
서정인, 「님은 도처에」, 『현대문학』 통권 제551호, 2000.11.
박 진, 「황순원 단편소설의 서정성과 顯現의 결말 구조」, 『국어국문학』 통권 제127호, 2000.12.
서재원, 「황순원의 <목넘이마을의 개>와 <이리도> 연구—창작 방법으로서의 이야기를 중심으로」, 『현대문학이론연구』 통권 제14호, 현대문학이론학회, 2000.
정수현, 「현실인식의 확대와 이야기의 역할—황순원의 『목넘이마을의 개』를 중심으로」, 『한국문예비평연구』 통권 제7호, 한국현대문예비평학회, 2000.
장현숙, 「작품세계로 본 황순원 연보」, 『문학과 의식』, 통권 제50호, 2000. 겨울호.
박 진, 「『나무들 비탈에 서다』의 구조적 특징과 서정성」, 『현대소설연구』, 통권 제14호, 2001.6.
장인식, 「황순원의 <카인의 후예>와 나다니엘 호손의 <주홍글자>」, 『현대소설연구』 통권 제14호, 2001.6.
강상희, 「한국 근대소설의 은유와 환유」, 『한국현대문학연구』 통권 제10호, 한국현대문학회, 2001.12.
박 진, 「황순원 단편 소설의 겹이야기 구조 연구」, 『현대문학이론연구』 통권 제15호, 현대문학 연구학회, 2001.
＿＿＿, 「『나무들 비탈에 서다』의 구조적 특징과 서정성」, 『현대소설연구』 통권 제14호, 한국현대소설학회, 2001.
김은경, 「김동리, 황순원 문학의 비교 고찰」, 『한국현대문학연구』 통권 제11호, 한국현대문학회, 2002.6.

김종회, 「소설의 조직성과 해체의 구조—황순원 장편소설의 작중인물을 중심으로」, 『한국문학 이론과 비평』 제18집, 한국문학이론과비평학회 2003.3.

윤의섭, 「황순원 단편 소설 시간 구조의 의미 연구—<목넘이마을의 개>와 <이리도>의 경우」, 『한국현대문학연구』 통권 제13호, 한국현대문학회, 2003.6.

문흥술, 「전통지향성과 이야기 형식 : 황순원 초기단편소설 연구」, 『태릉어문연구』 통권 제11집, 2003.8.

장현숙, 『현실인식과 인간의 길』, 한국문화사, 2004.3.

김태순, 『황순원 소설의 인물유형과 크로노토프』, 백산출판사, 2005.

서재원, 『김동리와 황순원 소설의 낭만성과 역사성』, 월인, 2005.

장현숙, 『황순원 문학연구』, 푸른사상, 2005.

허명숙, 『황순원 소설의 이미지 읽기』, 월인, 2005.

김윤식, 「황순원 소설의 심리적 대칭성 : 「나무들 비탈에 서다」론」, 『한국문학』 통권 제31권, 제4호, 2005.

사순옥, 「하인리히 뵐과 황순원의 소설에 나타난 '죽임'과 '살림'의 미학」, 『헤세연구』 통권 제13집, 2005.

양은창, 「황순원의 「왕모래」에 나타난 욕망의 의미」, 『국제어문』 통권 제33집, 2005.

이승준, 「한국 현대소설에 나타나는 '나무' 연구 : 황순원, 이청준, 이문구, 이윤기의 소설을 중심으로」, 『문학과 환경』 통권 제4호, 2005.

장양수, 「황순원 장편 「나무들 비탈에 서다」의 실존주의 문학적 성격」, 『한국문학논총』 통권 제39집, 2005.

전홍남, 「황순원의 해방직후 소설 —考 : 「목넘이마을의 개」를 중심으로」, 『어문연구』 통권 제47권, 2005.

노승욱, 「유랑성의 소설화와 경계의 수사학—황순원의 『움직이는 城』을 중심으로」, 『민족문학사연구』 통권 제29호 2005.12.

고인환, 「황순원 단편소설에 나타난 생태주의적 상상력 고찰 : 「목넘이마을의 개」, 「학」, 「나무와 돌, 그리고」, 「별」, 「소나기」를 중심으로」, 『경희어문학』 통권 27집, 2006.

노승욱, 「탈근대의 서사와 텍스트의 이중성 : 황순원 장편소설 『日月』론」, 『인문논총』 통권 제55집, 2006.6.

동시영, 「황순원의 <일월> 분석」, 『한국관광대학논문집』 통권 제5호, 2006.

박은태, 「황순원의 <카인의후예> 연구」, 『현대문학의 연구』 통권 제30집, 2006.

염희경, 「중도좌파적 사상의 흔적 지우기 : 해방기 황순원 소설의 개작 문제」, 『仁荷語文研究』 통권 제7호, 2006.

정수현, 「설화의 소설화 연구 : 황순원 소설을 중심으로」, 『비교문화연구』 제10권 제1호, 2006.

정수현, 『황순원 소설 연구』, 한국학술정보, 2006.

박지혜, 「황순원 「나무들 비탈에 서다」의 언술양상과 의미」, 『한중인문학연구』 통권 제21집, 2007.

오연희, 『황순원의 日月연구』, 한국학술정보, 2007.

장석남, 「황순원 시의 변모 양상에 대한 고찰」, 『한국문예창작』 제6권, 제1호, 통권 제11호, 2007.

정영훈, 「황순원 장편소설에 나타난 악의 문제」, 『한국현대문학연구』 통권 제21집, 2007.

정영훈, 「황순원 장편소설에서 역사적 사실과 해석의 문제」, 『국제어문』 통권 제41집, 2007.

김동환, 「초본(初本)과 문학교육-「소나기」를 중심으로」, 『문학교육학』 26호 한국문학교육학회, 2008.

나소정, 「한몽소설에 나타난 서정성의 두 의미 : 유목성과 정주성 : 로도이담바의 「솔롱고」와 황순원의 「소나기」를 중심으로」, 『우리어문연구』 통권 제31집, 2008.

박창순, 「황순원 작품 연구 : 첫 창작집 『늪』의 인물 분석」, 『박창순 論文集』 통권 제26집, 2008.

방금단, 「황순원의 전후 소설 연구 : 『잃어버린 사람들』을 중심으로」, 『돈암어문학』 통권 제21호, 2008.

송태현, 「두 문화의 만남 : 황순원의 「움직이는 성(城)」을 통해 본 기독교와 샤머니즘의 충돌」, 『신앙과학문』 제13권, 제3호, 통권 제38호, 2008.

정연희, 「황순원 문학의 인물추종술과 메타픽션적 특성 : 「막은 내렸는데」를 중심으로」, 『우리어문연구』 통권 제31집, 2008.

장양수, 「황순원의 「소나기」-슬프고 아름다운 사랑의 수채화」, 『한구현대소설 작품론』, 국학자료원, 2008.

김윤식, 『신 앞에서의 곡예 : 황순원 소설의 창작방법론』, 문학수첩, 2009.

김용성, 「황순원 문학을 재점검한다 : 황순원 소설의 설화적 성격 <討論>」, 『月刊文學』 제42권, 제11호, 통권 제489호, 2009,

김윤식, 「두 신 앞에 선 곡예사 황순원 : 창작집 『학』에서 창작집 『잃어버린 사람들』 사이의 거리재기」, 『韓國文學』 제35권, 제2호, 통권 제274호, 2009.

박창순,『황순원작품연구 2 : 단편집 기러기의 인물분석』,『박창순 論文集』통권 제27집, 2009.

방민호,「삶의 결, 문학의 결 : 이효석・황순원・황석영」,『한국문학과 예술』통권 제3집, 2009.

허 호,「황순원과 미시마 유키오 :『나무들 비탈에 서다』와『교코의 집』의 영향관계 고찰」,『세계문학비교연구』통권 제28집, 2009.

황동규,「아버지-소설가 황순원」,『아버지, 그리운 당신』, 서정시학, 2009.

노승욱,『황순원 문학의 수사학과 서사학』, 지교, 2010.

박 진,「주체의 내면성과 책임의 윤리 : 황순원 후기 장편소설에 나타난 주체의 문제」,『문학과 사회』제23권 제3호, 통권 제91호, 2010.

박양호,『황순원 문학연구』, 박문사, 2010.

신영미,「희생제의를 통한 심미적 가치의 획득 : 김동인의「배따라기」, 이태준의「가마귀」, 황순원의「별」을 중심으로」,『한국문예비평연구』통권 제31집, 2010.

안미영,「태평양전쟁직후 한일(韓日) 소설에 나타난 패전 일본여성의 성격 비교 연구 : 황순원의「술 이야기」와 다자이 오사무의「斜陽」을 중심으로」,『批評文學』통권 제35호, 2010.

양선규,「한국 현대소설에 나타난 모성성 연구 : 황순원・이청준・오정희・이문열・김소진 소설을 중심으로」,『초등교육연구논총』제26권 제1호, 2010.

조미영,「연극「황순원 소나기 그 이후」에 차용된 소설『소나기』의 서사구조의 역할과 의미」,『高鳳論集』, 통권 제46집, 2010.

한미애,「황순원 소설의 문체번역 가능성 :『소나기』를 중심으로」,『번역학연구』제11권, 제1호, 2010.

김종회, 「황순원 선생 1930년대 전반 작품 대량 발굴, 전란 이후 작품도 수 편-동요·소년시·시 65편, 단편 1편, 수필 3편, 서평·설문 각 1편 등」, 제8회 황순원문학제 황순원문학세미나 주제발표, 2011.

김호기, 「황순원과 리영희 : 황순원 개인적 책임에 몰두한 이상적 자유주의자 : 사회적 책임 실천한 현실적 진보주의자 리영희」, 『新東亞』 54권 제11호, 통권 제626호, 2011.

박덕규, 「6·25 피난 공간의 문화적 의미-황순원의 「곡예사」 외 3편을 중심으로」, 『批評文學』 제39호, 한국비평문학회, 2011.

노승욱, 「황순원의 『움직이는 성』에 나타난 통전적 구원사상」, 『신앙과 학문』 제16권 제3호, 통권 제48호, 2011.

_____, 「황순원 『인간접목』의 서사적 정체성 구현 양상」, 『우리문학연구』 제34집, 우리문학회, 2011.

_____, 「황순원 장편소설의 대칭적 서사구조 : 『신들의 주사위』와 『카인의 후예』를 중심으로」, 『한국현대문학회 학술발표회 자료집』 2, 한국현대문학회, 2011.

송주현, 「황순원 소설에 나타난 근대성과 여성성 : 『나무들 비탈에 서다』를 중심으로」, 『여성학논집』 제28집 제2호, 2011.

유성호, 「견고하고 역동적인 생명 의지 : 황순원의 시」, 『한국근대문학연구』 통권 제23호, 2011.

이 호, 『한국 전후소설과 중국 신시기소설의 비교 연구 : 황순원과 왕멍(王蒙)의 작품을 중심으로』, 국학자료원, 2011.

한미애, 「문학번역에 대한 인지시학적 접근 : 황순원의 「학」을 중심으로」, 『번역학 연구』 제12권, 제4호, 2011.

김종호, 「『日月』의 原型的 構造 분석」, 『語文研究』 39, 한국어문교육연

구회, 2011.

김종호, 「前後小說의 작중 인물 심리 분석—黃順元의 『나무들 비탈에 서다』를 중심으로」, 『어문논집』 48, 중앙어문학회, 2011.

박태일, 「전쟁기 광주지역 문예지 『신문학』 연구」, 『영주어문』 제21집, 영주어문학회, 2011.

이병재, 「인생 고독과 사랑, 예술—황순원 「필묵 장수」 감상과 이해」, 『한국문학의 다원적 비평』, 작가와비평, 2011.

최영자, 「권력담론 희생자로서의 아버지 복원하기—황순원 『일월』, 김원일 『노을』, 문순태 『피아골』을 중심으로」, 『우리文學硏究』 제34집, 우리문학회, 2011.

호병탁, 「『일월』에 나타나는 카니발의 세계관」, 『나비의 궤적』, 황금알, 2011.

김병익, 「시대 인식과 삶의 방식—황순원 장편소설의 주인공들」, 『이해와 공감』, 문학과지성사, 2012.

김용희, 「스토리텔링과 한류 동양주의—황순원의 소설 「소나기」의 경우」, 『사랑의 무브』, 글누림, 2012.

김윤식, 「학병세대와 글쓰기의 기원—박경리·김동리·황순원·선우휘·강신재의 경우」, 『한일 학병세대의 빛과 어둠』, 소명, 2012.

박덕규, 「황순원, 순수와 절제의 극을 이룬 작가」, 『한국사시민강좌』, 제50집, 일조각, 2012.

오양진, 「6·25전쟁과 애도의 문제 : 이호철의 「나상」과 황순원의 「비바리」를 대상으로」, 『한국학연구』 제42집 고려대학교 한국학연구소, 2012.9.

노승욱, 「황순원의 『카인의 후예』에 나타난 중층적 상호텍스트성」, 『문학과 종교』 제17권 3호, 한국문학과종교학회, 2012.12.
오태호, 「글과 삶과 자유의 행복한 만남, 그리고 영면-황순원 후기문학론」, 『환상통을 앓다』, 새미, 2012.
이익성, 「황순원 초기 단편소설의 서정적 특질: 단편집『늪』을 중심으로」, 『開新語文研究』 제36집, 開新語文學會, 2012.
이재복, 「황순원과 김동리 비교 연구 :『움직이는 성』과『무녀도』의 샤머니즘 사상과 근대성을 중심으로」, 『語文研究』 제47권, 語文研究學會, 2012.
이혜원, 「황순원 시와 타자의 윤리」, 『語文研究』, 제71집, 어문연구학회, 2012.
임신희, 「황순원 전후 소설의 휴머니즘 성격」, 『현대소설연구』 제50호, 한국현대소설학회, 2012.
적위기, 「황순원의 <소나기>에 대한 발화행위 이론적 분석 : 소년과 소녀의 대화를 중심으로」, 『인문과학논집』 제23집, 강남대학교 출판부, 2012.
최배은, 「황순원의 첫 작품「추억」연구」, 『한국어와 문화』 제12집, 숙명여자대학교 한국어문화연구소, 2012.
김종회, 「동란 직전, 그리고 1970년대 초입의 세태와 황순원 문학-새로 확인된 황순원 단편소설・꽁트・수필・발표문 등 4편에 붙여」, 『문학의 오늘』, 2013. 여름호.
──, 「황순원 소나기마을 콘텐츠」, 『황순원연구』, 2014.
박기수, 「소나기마을, story doing하라」, 『황순원연구』, 2014.
신덕룡, 「술이야기에 나타난 노동운동의 양상」, 『황순원연구』, 2014.
이승하, 「김동리와 황순원 시의 죽음의식 및 시대의식 고찰」, 『황순원연구』, 2014.
최동호, 「황순원 선생과 양정길 여사의 문학 한세기」, 『황순원연구』, 2014.

2) 학위논문

(1) 석사학위

박혜경, 「황순원 소설의 미학」, 이화여대 대학원 석사논문, 1972.
이정숙, 「황순원 소설에 나타난 인간상」, 서울대 대학원 석사논문, 1976.
정재훈, 「한국 현대소설에 나타난 죽음의 연구 : 황순원, 김동리, 김동인, 현진건, 나도향, 주요섭의 소설을 중심으로」, 경희대 교육대학원 석사논문, 1976.
박미령, 「황순원론」, 충남대 대학원 석사논문, 1980.2.
방용삼, 「황순원 소설에 나타난 애정관」, 경희대 교육대학원 석사논문. 1981.
배병철, 「현대소설에서 본 윤리의식 : 황순원·오영수 작품을 중심으로」, 경희대 교육대학원 석사논문, 1981.
안영례, 「黃順元 小說에 나타난 꿈 硏究」, 중앙대 교육대학원 석사논문, 1982.
장현숙, 「황순원 작품연구」, 경희대 대학원 석사논문, 1982.2.
백승철, 「황순원 소설의 악인 연구」, 세종대 대학원 석사논문, 1982.2.
박원숙, 「『닭祭』『별』『소나기』를 중심으로 한 황순원의 단편연구」, 이화여대 교육대학원 석사논문, 1982.2.22.
김재헌, 「황순원의 일월(日月)론」, 충남대 교육대학원 석사논문, 1983.2.25.
이갑록, 「황순원 소설에 나타난 인물묘사연구」, 경희대 교육대학원 석사

　　　　　논문, 1983.2.

김전선, 「나무들 비탈에 서다에 관한 연구」, 이화여대 교육대학원 석사
　　　　　논문, 1983.

임관수, 「황순원 작품에 나타난 自己實現 問題─『움직이는 城』을 중심으
　　　　　로」, 충남대 대학원 석사논문, 1983.

김기형, 「김동리와 황순원 소설의 문체론적 비교연구」, 원광대 교육대학
　　　　　원 석사논문, 1984.2.25.

김정혜, 「島崎藤村の『破戒』と 黃順元の『日月』との 比較硏究 : 疎外の
　　　　　樣を中心じ」, 계명대 대학원 석사논문, 1984.2.

유재봉, 「황순원 소설에 나타난 주인공의 인간상 고찰」, 충남대 교육대
　　　　　학원 석사논문, 1984.2.

이창희, 「가문소설의 현대적 이행 양상」, 충북대 교육대학원 석사논문,
　　　　　1984.2.

임관수, 「황순원 작품에 나타난 『자기실현(自己實現)』 문제」, 충남대 대학
　　　　　원 석사논문, 1984.2.

전현주, 「황순원 단편 고찰─이니시에이션 스토리를 중심으로」, 동아대
　　　　　대학원 석사논문, 1984.2.

안남연, 「황순원 소설의 작중인물 연구」, 한국외국어대 대학원 석사논문,
　　　　　1984.8.

이병학, 「『별』의 의미 구조 분석 시론」, 인하대 교육대학원 석사논문,
　　　　　1984.8.

임채욱, 「황순원 작품의 구조 연구─단편소설을 중심으로」, 원광대 대학
　　　　　원 석사논문, 1984.8.

전혜선, 「『나무들 비탈에 서다』에 관한 연구 : '유리'의 이미지와 현실의

문제를 중심으로」, 이화여대 교육대학원 석사논문, 1984.9.

김경희, 「황순원 소설 연구 : 장편에 나타난 인물의 갈등을 중심으로」, 중앙대 대학원 석사논문, 1985.2.

김난숙, 「황순원 문학의 상징성 고찰」, 부산여대 대학원 석사논문, 1985.2.

김종회, 「황순원의 작중인물 연구」, 경희대 대학원 석사논문, 1985.2.

방윤순, 「한국 현대소설에 나타난 기독교의 수용문제연구」, 인하대 교육대학원 석사논문, 1985.2.

신동규, 「모티브의 기능과 의미화 : '소나기'를 대상으로 한 시론적 분석」, 서강대 대학원 석사논문, 1985.2.

최민자, 「황순원 작품연구─장편소설의 상징성을 중심으로」, 동아대 석사논문, 1985.2.

권택희, 「황순원 소설에 나타난 종교사상 연구 : 「日月」과 「움직이는 城」을 중심으로」, 한양대 교육대학원 석사논문, 1986.2.

정창훤, 「황순원 소설의 이미지에 관한 연구」, 전북대 교육대학원 석사논문, 1986.2.

권경희, 「황순원 소설에 나타난 종교사상 연구─『日月』과 『움직이는 城』을 중심으로」, 한양대하교 교육대학원 석사논문, 1986.6.

김영환, 「황순원 소설의 작중인물 연구」, 동국대 교육대학원 석사논문, 1986.

김정하, 「황순원 『日月』연구─전상화된 상징구조의 원형비평적 분석과 해석」, 서강대 대학원 석사논문, 1986.

최옥남, 「황순원 소설의 기법 연구」, 서울대 교육대학원 석사논문, 1986.

서경희, 「황순원 소설의 연구─작중인물의 성격을 중심으로』, 전북대 교육대학원 석사 논문, 1986.

구수경, 「황순원 소설의 담화양상 연구」, 충남대 대학원 석사논문, 1987.

김영환, 「황순원 소설의 작중인물 연구」, 동국대 교육대학원 석사논문, 1987.2.

박선미, 「황순원의 문체연구 : 「나무들 비탈에 서다」를 중심으로」, 이화여대 대학원 석사논문, 1987.2.

윤민자, 「황순원 소설에 나타난 애정관 : 장편소설 중심으로」, 연세대 교육대학원 석사논문, 1987.2.

전미리, 「황순원 단편소설 연구 : 작품 「별」, 「닭」, 「소나기」, 「학」을 중심으로」, 서울여대 대학원 석사논문, 1987.2.

김경혜, 「황순원 장편에 나타난 인간구원의식에 관한 고찰」, 숙명여대 대학원 석사논문, 1987.

박진규, 「황순원 초기 단편 연구─『늪』『기러기』에 나타난 서정기법을 중심으로」, 부산대 대학원 석사논문, 1987.

이호숙, 「황순원 소설의 서술시점에 관한 연구」, 이화여대 대학원 석사논문, 1987.

강평구, 「황순원 소설의 인물유형 고찰」, 조선대 대학원 석사논문, 1988.2.

윤장렬, 「황순원 단편소설 구조 연구」, 한국외국어대 대학원 석사논문, 1988.2.

문영희, 「황순원 문학의 작가정신 전개양상 연구」, 경희대 대학원 석사논문, 1988.2.

이호숙, 「황순원 소설의 서술시점에 관한 연구」, 이화여대 대학원 석사논문, 1988.2.

이부순, 「황순원 단편소설 연구」, 서강대 대학원 석사논문, 1988.7.

이운기, 「황순원의 초기 작품 연구」, 건국대 교육대학원 석사논문, 1988.8.

이현란, 「황순원 소설 연구 : 전기장편을 중심으로」, 성신여대 대학원 석사논문, 1988.8.

방민화, 「황순원『日月』연구」, 숭실대 대학원 석사논문, 1988.

허명숙, 「황순원 장편소설 연구-『日月』,『움직이는 城』,『神들의 주사위』의 인물 구조를 중심으로」, 숭실대 대학원 석사논문, 1988.

최인숙, 「황순원의『움직이는 城』연구」, 효성여대 대학원 석사논문, 1988.

현영종, 「이니시에이션 소설 연구-염상섭, 황순원, 김승옥, 김원일 작품을 중심으로」, 고려대 교육대학원 석사논문, 1989.

오병기, 「황순원 소설연구, 죽음의 양상과 의미의 변화를 중심으로」, 영남대 대학원 석사논문, 1989.8.

강영주, 「황순원의 성장소설 연구」, 전남대 교육대학원 석사논문, 1989.

권혜정, 「황순원의 액자소설 연구」, 경북대 교육대학원 석사논문, 1989.

배규호, 「황순원 소설의 작중인물 연구」, 계명대 교육대학원 석사논문, 1989.

권대근, 「한국 현대소설에 나타난 꿈에 관한 연구 : 황순원의 작품을 중심으로」, 원광대 교육대학원 석사논문, 1990.2.

배규호, 「황순원 소설의 작중인물 연구 : 「나무들 비탈에 서다」를 중심으로」, 계명대 교육대학원 석사논문, 1990.2.

홍순재, 「황순원의 「움직이는 성」 연구」, 경남대 교육대학원 석사논문, 1990.2.

박노철, 「황순원 소설에 나타난 구원의 양상 : 「카인의후예」를 중심으로」, 건국대 교육대학원 석사논문, 1990.8.

임유순, 「황순원 소설에 나타난 소년상 연구」, 인천대 교육대학원 석사논문, 1990.8.

정도권, 「황순원 장편 소설 연구」, 동아대 대학원 석사논문, 1990.8.

김희범, 「황순원 소설의 인물 연구 : 단편소설에 나타난 어린이와 노인을 중심으로」, 경남대 교육대학원 석사논문, 1990.

배선미, 「황순원 장편소설 연구—전쟁에 의한 피해양상 및 극복의지를 중심으로」, 숙명여대 교육대학원 석사논문, 1990.

권혜정, 「황순원의 액자소설 연구」, 경북대 교육대학원 석사논문, 1990.

강선주, 「황순원의 성장소설 연구」, 전남대 교육대학원 석사논문, 1990.

김순병, 「고등학교 문학교재 소설단원의 플롯과 주제의 해석」, 부산대 교육대학원 석사논문, 1991.2.

서재원, 「황순원의 해방직후 소설연구, 단편집 『목넘이마을의 개』를 중심으로」, 고려대 대학원 석사논문, 1991.2.

박명진, 「문학에 나타난 구원의 의미 고찰 : 황순원 장편 「움직이는 城」을 중심으로」, 원광대 대학원 석사논문, 1991.8.

서월심, 「황순원 소설에 나타난 죽음의식 연구」, 한남대 대학원 석사논문, 1991.8.

임영천, 「김동리·황순원 소설의 종교세계 비교연구 : 「을화」와 「움직이는 성」을 중심으로」, 서울시립대 대학원 석사논문, 1991.8.

최미옥, 「황순원 소설에 나타난 인물의 자기실현 연구」, 강원대 대학원 석사논문, 1991.8.

한효연, 「황순원 작품의 문체론적 연구 : 단편소설을 중심으로」, 고려대 교육대학원 석사논문, 1991.8.

고은숙, 「황순원 장편소설의 갈등양상 연구」, 제주대 대학원 석사논문, 1992.2.

김희광, 「황순원 소설연구 : 장편에 나타난 죄의식과 인간구원의 문제를 중심으로」, 성균관대 교육대학원 석사논문, 1992.2.

정혜정, 「1970년대 이후 한국 소설에 나타난 기독교 수용 연구 : 황순원, 백도기, 이문열을 중심으로」, 성신여대 교육대학원 석사논문, 1992.8.

팽현영, 「문학전집 표지디자인의 표현에 관한 연구 : 「한국대표문학전집」 표지의 그래픽부분을 중심으로」, 이화여대 산업미술대학원 석사논문, 1992.8.

김만수, 「황순원의 초기 장편소설 연구」, 『1960년대 문학연구』, 예하, 1993.

권오선, 「황순원의 40~50년대 소설 연구」, 충북대 교육대학원 석사논문, 1993.2.

김홍길, 「황순원 장편소설의 작중인물 연구 : 「나무들 비탈에 서다」와 「日月」에 나타난 현실인식의 문제를 중심으로」, 한국교원대 대학원 석사논문, 1993.2.

송영희, 「황순원 소설의 인물 연구 : 해방기 단편소설을 중심으로」, 건국대 교육대학원 석사논문, 1993.2.

안미현, 「황순원 장편소설 연구 : 「별과 같이 살다」, 「카인의 後裔」, 「人間接木」을 중심으로」, 연세대 교육대학원 석사논문, 1993.2.

이순철, 「문학교육 교재로서의 황순원 소설 고찰 : 단편 「별」, 「산골아이」, 「학」을 중심으로」, 동국대 교육대학원 석사논문, 1993.2.

김경화, 「황순원의 장편소설 연구 : 소설에 나타난 죄의식과 구원의 문제를 중심으로」, 서강대 교육대학원 석사논문, 1993.8.

서저환, 「한국서사문학의 동물 상징연구 : '개구리'와 '두꺼비'를 중심으로」, 서강대 교육대학원 석사논문, 1993.8.

이현주, 「황순원 단편소설에 나타난 서술 양상연구」, 이화여대 대학원 석사논문, 1993.8.

이희숙, 「황순원 장편소설 연구 : 작중인물의 갈등양상을 중심으로」, 숙명여대 교육대학원 석사논문, 1993.8.

김미정, 「황순원의 작가정신과 인간탐구 : 전기 장편을 중심으로」, 부산대 대학원 석사논문, 1994.2.

박혜숙, 「有島武郞の "カインの末裔"と 黃順元の "カインの後裔"との 比較硏究 : 仁右衛門と トソップ老人の カイン的特性と 野蠻性の 要因を 中心にして」, 성신여대 대학원 석사논문, 1994.2.

전경석, 「김동리와 황순원 시 연구」, 충남대 교육대학원 석사논문, 1994.2.

김윤선, 「황순원 소설에 나타난 꿈 연구」, 고려대 대학원 석사논문, 1994.8.

김인숙, 「황순원 장편소설 연구 : 작중인물의 성격을 중심으로」, 연세대 교육대학원 석사논문, 1995.2.

양영미, 「황순원 장편소설 인물 연구 : 주인공의 갈등을 중심으로」, 전남대 교육대학원 석사논문, 1995.2.

이수남, 「황순원 단편소설 인물성격 연구」, 영남대 교육대학원 석사논문, 1995.2.

이희경, 「황순원 문학에 나타난 인간상 고찰 : 「움직이는 성」을 중심으로」, 조선대 대학원 석사논문, 1995.2.

정현돈, 「황순원의 「나무들 비탈에 서다」 연구」, 계명대 교육대학원 석사논문, 1995.2.

정재석, 「한국 소설에서의 유년시점 연구 : 김남천, 현덕, 황순원 소설의 유년 인물을 중심으로」, 서강대 대학원 석사논문, 1995.8.

최주한, 「황순원의 『카인의 後裔』 연구 : 제의적 소설형식의 특성을 중심으로」, 서강대 대학원 석사논문, 1995.8.

김태연, 「1950년대 신·구세대 작가의 전쟁인식 연구」, 경북대 교육대학원 석사논문, 1996.2.

방경태, 「황순원 장편소설에 나타난 죄의식 연구」, 대전대 대학원 석사 논문, 1996.2.

유정수, 「황순원의 「카인의 후예」 연구」, 경북대 교육대학원 석사논문, 1996.2.

이성준, 「황순원 초기소설의 상징연구-단편집 『늪』을 중심으로」, 제주대 대학원 석사 논문, 1996.2.

이원태, 「황순원의 초기소설 연구」, 계명대 교육대학원 석사논문, 1996.8.

주경자, 「황순원 장편소설 연구 : 작중인물의 새로운 세계의 모색을 중심으로」, 상지대 교육대학원 석사논문, 1996.8.

최미숙, 「황순원 후기 장편소설의 서사구조 연구 : 「일월」과 「움직이는 성」을 중심으로」, 동덕여대 대학원 석사논문, 1996.8.

최혜정, 「중학교 소설 단원 분석 및 평가」, 부산대 교육대학원 석사논문, 1996.8.

양승숙, 「한국 성장소설 연구」, 국민대 대학원 석사논문, 1997.2.

김희숙, 「황순원 소설 연구 : 단편집 『기러기』를 중심으로」, 성신여대 교육대학원 석사논문, 1997.8.

노승욱, 「황순원 단편 소설의 수사학적 연구」, 서울대 대학원 석사논문, 1997.8.

양현진, 「황순원 소설의 '금기' 구조 연구 : 단편 소설을 중심으로」, 이화여대 대학원 석사논문, 1997.8.

이현숙, 「황순원 소설의 인물 연구 : 이니시에이션 소설을 중심으로」, 단국대 대학원 석사논문, 1998.2.

임정옥, 「황순원 소설에서의 죄의식과 구원문제」, 전북대 교육대학원 석사논문, 1998.2.

황의진, 「황순원 초기 단편 소설 연구」, 전주대 교육대학원 석사논문, 1998.2.

김보경, 「황순원 소설 연구 : 현실인식을 중심으로」, 순천향대 교육대학원 석사논문, 1998.8.

김봉숙, 「황순원 소설에 나타난 통과제의 연구 : 「별」·「소나기」·「학」을 중심으로」, 제주대 교육대학원 석사논문, 1998.8.

김순남, 「황순원 소설 연구 : 단편소설의 소년상을 중심으로」, 호남대 대학원 석사논문, 1998.8.

김종일, 「1950~60년대 장편소설에 나타난 시공간성 연구」, 건국대 대학원 석사논문, 1998.8.

김형찬, 「황순원 소설에 나타난 부상 연구 : '일월, 신들의 주사위'를 중심으로」, 경희대 교육대학원 석사논문, 1998.8.

박주연, 「황순원 장편소설의 인물구조 연구 : 「나무들 비탈에 서다」, 「日月」, 「움직이는 城」을 중심으로」, 서울여대 대학원 석사논문, 1998.8.

이소영, 「황순원 소설에 나타난 생태의식 연구」, 고려대 대학원 석사논문, 1998.8.

윤성훈, 「황순원 장편소설 연구 : 작중인물의 성격과 갈등을 중심으로」, 성균관대 교육대학원 석사논문, 1999.2.

이원동, 「1950년대 황순원 소설 연구 : 실향민 의식과 서술방법의 관계를 중심으로」, 경북대 대학원 석사논문, 1999.2.

홍종원, 「황순원의 「별과 같이 살다」 연구」, 경희대 교육대학원 석사논문, 1999.2.

김선태, 「황순원 소설연구 : 모성애와 범 생명사랑을 중심으로」, 동국대 교육대학원 석사논문, 1999.8.

윤은영, 「황순원 장편소설에 나타난 애정 욕망 연구」, 숙명여대 대학원 석사논문, 1999.8.

최혜림, 「황순원의 글쓰기 양상 연구 : 전기 소설의 이데올로기와 형식의 대응관계를 중심으로」, 서울대 대학원 석사논문, 1999.8.

박명복, 「황순원의 통과제의적 소설 연구」, 공주대 대학원 석사논문, 1999.

이향환, 「황순원 소설에 나타난 인간 구원의 문제」, 아주대 교육대학원 석사논문, 1999.

곽성연, 「황순원 단편소설의 서정성 연구」, 충남대 교육대학원 석사논문, 2000.2.

노애리, 「황순원 단편소설 연구 : 1950년대를 중심으로」, 서울대 대학원 석사논문, 2000.2.

김광주, 「황순원 전기 장편소설 연구」, 계명대 교육대학원 석사논문, 2000.2.

정승희, 「한국 기독교 소설 연구」, 단국대 교육대학원 석사논문, 2000.2.

강은숙, 「황순원 소설에 나타난 죽음모티브의 심리적 분석 : 초기 단편을 중심으로」, 덕성여대 대학원 석사논문, 2000.8.

박희영, 「황순원 초기 단편소설에 나타난 아동문학적 양상 연구 : 초기 단편소설을 중심으로」, 동국대 문화예술대학원 석사논문, 2000.8.

신동희, 「북한 토지개혁에 대한 장편소설 연구」, 영남대 교육대학원 석사논문, 2000.8.

유남희, 「황순원 소설의 구원 양상 연구」, 광운대 대학원 석사논문, 2000.8.

최정심, 「황순원 장편소설의 인물 연구」, 경원대 대학원 석사논문, 2000.8.

김연희, 「황순원의 성장소설 연구」, 서원대 교육대학원 석사논문, 2000.

이은영, 「이니시에이션 소설의 서사구조와 비유연구-김남천·황순원의 단편 소설을 중심으로」, 서강대 대학원 석사논문, 2000.

박영식, 「황순원의 성장소설 연구」, 영남대 대학원 석사논문, 2001.

김명옥, 「소설 교육 방법 연구 : 황순원의「소나기」를 중심으로」, 군산대 교육대학원 석사논문, 2001.

김세운, 「소설교육을 통한 창의력 신장 지도 방안 : 황순원의 소설「소나기」를 중심으로」, 경희대 교육대학원 석사논문, 2001.

김호식, 「황순원 소설연구」, 아주대 교육대학원 석사논문, 2001.

박영식, 「황순원의 성장소설 연구 : 단편소설을 중심으로」, 영남대 대학원 석사논문, 2001.

박유진, 「황순원 장편소설 연구 : 장편에 나타난 주제의식과 인물분석을 중심으로」, 성균관대 교육대학원 석사논문, 2001.

설창환, 「황순원의 성장소설 연구」, 아주대 교육대학원 석사논문, 2001.

정상희, 「한국현대 성장소설의 서사구조 연구」, 단국대 교육대학원 석사논문, 2001.

최경희, 「황순원 소설의 꿈 연구」, 경희대 대학원 석사논문, 2001.

최성호, 「황순원 소설의 자기부정성 연구 :『신들의 주사위』를 중심으로」, 경성대 교육대학원 석사논문, 2001.

김진숙, 「황순원의 성장소설 연구 : 단편소설을 중심으로」, 경원대 교육대학원 석사논문, 2002.

김미영, 「황순원 초기 소설의 동물 상징 연구」, 동국대 문화예술대학원 석사논문, 2002.

김효정, 「등장인물을 통해 본 황순원 소설의 현실인식 연구 :「나무들 비탈에 서다」・「일월」・「움직이는 성」을 중심으로」, 명지대 교육대학원 석사논문, 2002.

박진애, 「황순원 장편소설에 등장하는 인물형 연구」, 홍익대 교육대학원 석사논문, 2002.

변유민, 「황순원의 성장소설 연구 : 초기 단편을 중심으로」, 동국대 교육대학원 석사논문, 2002.

송관의, 「황순원의 성장소설 연구 : 해방 전 단편을 중심으로」, 한양대 교육대학원 석사논문, 2002.

심미숙, 「황순원의 『나무들 비탈에 서다』 연구」, 숙명여대 대학원 석사논문, 2002.

윤정아, 「한국 현대 성장소설 연구」, 고려대 교육대학원 석사논문, 2002.

윤현정, 「황순원 서정소설 연구 : 단편소설을 중심으로」, 이화여대 대학원 석사논문, 2002.

이순분, 「황순원의 성장소설 연구」, 한남대 교육대학원 석사논문, 2002.

이주상, 「황순원의 초기 단편소설에 나타난 동심의 몇 가지 양상」, 인하대 교육대학원 석사논문, 2002.

장도례, 「황순원 장편소설에 나타난 구원의 양상 : 「나무들 비탈에 서다」, 「일월」, 「움직이는 성」을 중심으로」, 숭실대 교육대학원 석사논문, 2002.

장연옥, 「황순원 단편 소설 연구」, 서울여대 대학원 석사논문, 2002.

정연옥, 「샤머니즘 문학과 문학교육」, 홍익대 교육대학원 석사논문, 2002.

최은정, 「황순원 소설 연구 : 후기 장편소설에 나타난 서술기법을 통해서 본 주제의식」, 영남대 교육대학원 석사논문, 2002.

고은미, 「성장소설에 나타난 성장의 시대적 차이 연구」, 한남대 교육대학원 석사논문, 2003.

김은희, 「황순원 소설 연구 : 고아의식을 중심으로」, 명지대 대학원 석사논문, 2003.

서영란, 「현대소설을 통한 논리적 사고력 지도 연구」, 숙명여대 교육대학원 석사논문, 2003.

오유진, 「황순원 초기 단편소설 연구 : 공간을 중심으로」, 목포대 교육대학원 석사논문, 2003.

이애영, 「황순원 단편소설에 나타난 '물' 상징 연구 : 단편집『기러기』를 중심으로」, 목포대 교육대학원 석사논문, 2003.

최경원, 「현대 소설에 나타난 '비'의 상상력 연구」, 서강대 교육대학원 석사논문, 2003.

최은경, 「황순원의 「카인의 후예」 연구 : 인물분석을 중심으로」, 동국대 교육대학원 석사논문, 2003.

강경숙, 「황순원의『나무들 비탈에 서다』연구」, 한국교원대 교육대학원 석사논문, 2004.

곽노송, 「황순원의 동물소재 소설과 생태의식」, 고려대 교육대학원 석사논문, 2004.

김보경, 「황순원 엽편소설 연구」, 숙명여대 대학원 석사논문, 2004.

김유경, 「과정 중심 읽기 지도 방안 연구 : 황순원의 「소나기」를 중심으로」, 성신여대 교육대학원 석사논문, 2004.

김은지, 「황순원 초기 단편의 입사식담적 성격」, 동의대 대학원 석사논문, 2004.

김현주, 「'빈자리 메우기'를 활용한 소설교육 방법 연구 : 황순원의 「소나기」를 중심으로」, 부경대 교육대학원 석사논문, 2004.

노은영, 「황순원의 「신들의 주사위」의 갈등구조 연구」, 인하대 교육대학원 석사논문, 2004.

박혜련, 「황순원 소설에 나타난 타자성의 윤리 연구」, 서울시립대 대학원 석사논문, 2004.
백은아, 「황순원 단편소설 연구 : 서정성을 중심으로」, 원광대 교육대학원 석사논문, 2004.
엄숙용, 「황순원 「소나기」의 기호학적 분석」, 세종대 대학원 석사논문, 2004.
이승복, 「황순원 소설 『카인의 후예』 인물연구」, 건국대 교육대학원 석사논문, 2004.
이주헌, 「황순원 분단소설의 성격 연구 : 인본주의적 특성을 중심으로」, 경희대 교육대학원 석사논문, 2004.
이희경, 「황순원의 『카인의 후예』 연구」, 세종대 대학원 석사논문, 2004.
전혜정, 「성장소설연구 : 중・고등학교 교과서에 나오는 성장 소설을 중심으로」, 한남대 교육대학원 석사논문, 2004.
정원채, 「황순원 장편소설의 인물상 연구 : 「신들의 주사위」를 중심으로」, 한성대 대학원 석사논문, 2004.
차가온, 「황순원 단편소설의 상징체계 분석 : 「소나기」를 중심으로」, 홍익대 교육대학원 석사논문, 2004.
황효숙, 「황순원 소설 연구 : 움직이는 성에 대한 융(JUNG)적 접근」, 경원대 대학원 석사논문, 2004.
김옥선, 「황순원 단편소설의 동물이미지 연구」, 경희대 대학원 석사논문, 2005.
김용만, 「황순원 소설의 인본주의 연구」, 경희대 대학원 석사논문, 2005.
김필선, 「황순원 단편소설 연구」, 신라대 교육대학원 석사논문, 2005.
박미연, 「황순원 단편소설의 모성 세계 연구」, 목포대 교육대학원 석사논문, 2005.

유재화, 「황순원 소설의 인물 유형 연구 : 『나무들 비탈에 서다』, 『일월』, 『움직이는 성』을 중심으로」, 원광대 대학원 석사논문, 2005.

윤미란, 「황순원 초기문학 연구 : 서정 지향성과 민중 지향성의 갈등」, 인하대 대학원 석사논문, 2005.

이정화, 「황순원 단편소설에 나타난 성욕망 연구」, 홍익대 대학원 석사논문, 2005.

이윤주, 「『일월』에 나타난 꿈의 서사구조 연구」, 경희대학교 대학원 석사논문, 2005.

정지숙, 「황순원 단편소설에 나타난 동화성 연구」, 단국대 교육대학원 석사논문, 2005.

조문희, 「김동리와 황순원 소설의 샤머니즘과 기독교 수용 양상 : 「무녀도」와 『움직이는 성』을 중심으로」, 성균관대 교육대학원 석사논문, 2005.

김보경, 「황순원 『나무들 비탈에 서다』 연구 : 서술 기법과 인물의 현실 인식」, 안동대 교육대학원 석사논문, 2006.

김희정, 「황순원 소설에 나타나는 여성상 연구 : 『별과 같이 살다』, 『카인의 후예』 『일월』, 『움직이는 성』을 중심으로」, 군산대 대학원 석사논문, 2006.

문미선, 「황순원 초기 단편 소설 연구」, 건국대 교육대학원 석사논문, 2006.

박민숙, 「황순원 소설의 서정적 특성 연구」, 아주대 교육대학원 석사논문, 2006.

손영은, 「스키마 활성화를 통한 독서지도 방안 연구 : 황순원의 「소나기」를 중심으로」, 경성대학교 교육대학원 석사논문, 2006

오윤정, 「시점 분석을 통한 소설교육 연구」, 연세대학교 교육대학원 석사논문, 2006.

김한난, 「『카인의 후예』 연구」, 목포대 교육대학원 석사논문, 2007.

소형수, 「황순원의 해방기 소설 연구」, 전북대 대학원 석사논문, 2007.

이은정, 「황순원 소설의 상징연구 : 초기 단편소설을 중심으로」, 아주대 교육대학원 석사논문, 2007.

이재은, 「황순원의 『나무들 비탈에 서다』와 『움직이는 성』의 작중인물 상관성 연구」, 경희대 대학원 석사논문, 2007.

유미숙, 「성장소설 연구 : 중학교 교과서 중심으로」, 아주대학교 교육대학원 석사논문, 2007.

조순형, 「황순원 소설의 죄의식과 구원의 양상 : 카인의 후예와 움직이는 성을 중심으로」, 충남대 대학원 석사논문, 2007.

조아라, 「황순원의 성장소설 연구」, 충남대 교육대학원 석사논문, 2007.

김권재, 「문학텍스트의 영상 콘텐츠 전환 연구 : 황순원의 '소나기'를 중심으로」, 한양대학교 산업경영디자인대학원 석사논문, 2008.

김인숙, 「황순원 소설집 『늪』의 고찰」, 동국대 교육대학원 석사논문, 2008.

남보라, 「황순원 단편 소설 모성 형상화 연구」, 성균관대 교육대학원 석사논문, 2008.

민영미, 「황순원 소설을 활용한 독서치료 연구 : '인간성 회복 제재'를 중심으로」, 아주대 교육대학원 석사논문, 2008.

안서현, 「황순원 소설에 나타난 타자 인식 연구」, 서울대 대학원 석사논문, 2008.

이민주, 「황순원 장편의 설화적 세계 연구 : 『별과 같이 살다』, 『카인의 후예』를 중심으로」, 목포대 교육대학원 석사논문, 2008.

유지민, 「성장소설 연구 : 7차 중, 고등학교 국어교과서 중심으로」 동아

대하교 교육대학원 석사논문, 2008.

정소진, 「황순원 단편 소설의 주제의식 연구」, 수원대 교육대학원 석사 논문, 2008.

김미현, 「황순원 장편소설에 나타난 죄와 구원의식」, 경북대 교육대학원 석사논문, 2009.

김소이, 「황순원 단편소설의 소년·소녀 등장인물 연구」, 고려대 대학원 석사논문, 2009.

김미리, 「성장소설을 통한 소설교육 연구 : 1950·60년대 단편소설을 중심으로」, 한양대학교 교육대학원 석사논문, 2009.

김정자, 「황순원 후기 장편소설 연구 :『日月』,『움직이는 성』,『신들의 주사위』를 중심으로」, 인하대 교육대학원 석사논문, 2009.

서경덕, 「황순원 초기 단편소설 연구: 결핍과 그 극복 양상을 중심으로」, 전남대 교육대학원 석사논문, 2009.

이지은, 「「소나기」의 교육적 가치와 교수 방안 연구」, 성신여자대학교 교육대학원 석사논문, 2009.

오수연, 「우언적 사유와 매체언어를 활용한 소설교육 방안 연구」, 단국대학교 교육대학원 석사논문, 2009.

임유미, 「황순원 소설에 나타난 죽음의 양상 고찰 : 제7차 국어과 교과서 수록 작품을 중심으로」, 중앙대 교육대학원 석사논문, 2009.

최미정, 「황순원 단편소설의 전래동화적 요소 연구」, 강릉대 교육대학원 석사논문, 2009.

한진주, 「매체 활용을 통한 소설 교수 학습 방안 연구 :「소나기」를 중심으로」, 경희대학교 교육대학원 석사논문, 2009.

김아영, 「가치 교육의 방법 연구 : 황순원의 「목넘이마을의 개」를 중심으로」, 고려대 교육대학원 석사논문, 2010.

김민주「천관녀 설화를 통해 본 창작 교육 방안」, 아주대학교 교육대학원 석사논문, 2010.

류광현, 「황순원 장편소설의 기독교적 상상력 연구」, 서울대 대학원 석사논문, 2010.

이보라, 「고등학교 문학교과서의 소설 교육 양상 : 황순원 소설 「학」, 「목넘이마을의 개」를 중심으로」, 충북대 교육대학원 석사논문, 2010.

임옥환, 「이데올로기 대립이 나타난 소설 교육 방안 연구 : 황순원 소설을 중심으로」, 이화여대 교육대학원 석사논문, 2010.

김국이, 「황순원 문학의 회화(繪畵)적 시각 고찰 : 시・단편소설을 중심으로」, 경희대학교 대학원 석사논문, 2011.

김윤화, 「죽음을 통해 본 황순원 단편소설의 현실인식」, 영남대 교육대학원 석사논문, 2011.

박은영, 「성장소설의 서사모형을 통한 황순원 소설 연구 : 황순원의 성장소설 중, 초기 단편을 중심으로」, 고려대 교육대학원 석사논문, 2011.

박홍연, 「황순원 장편소설에 나타난 소외의식 연구」, 울산대 교육대학원 석사논문, 2011.

이진아, 「사회·문화적 맥락을 활용한 분단소설 교육 연구」, 한양대학교 교육대학원 석사논문, 2011.

정지아, 「한국전쟁의 특수성이 한국 전후소설에 미친 영향」, 중앙대학교 대학원 석사논문, 2011.

강창덕, 「황순원 소설에 나타난 인물의 성격유형 분석 : MBTI 이론을 중심으로」, 전남대 교육대학원 석사논문, 2012.

박선옥, 「황순원 성장소설의 교수학습 방안 연구」, 동국대 교육대학원 석사논문, 2012.

석혜림, 「황순원 소설의 국어교육적 의의 연구」, 고려대학교 교육대학원 석사논문, 2012.

이수빈, 「황순원 소설의 동화적 상상력 고찰」, 경희대 대학원 석사논문, 2012.

유옥평, 「黃順元과 沈從文 소설의 서정성 비교 연구 : 향토 소재 소설을 중심으로」, 한양대학 대학원 석사논문, 2012.

정미영, 「독서 활동과 연계한 '소나기 마을' 체험활동 방안 연구」, 단국대학교 교육대학원 석사논문, 2012.

한승옥, 「아우구스티누스의 『신국론』을 통해 본 황순원 장편소설의 두 도성적 특질 연구」, 동국대학교 대학원 박사논문, 2012.

황현지, 「고등학교 문학 교과서에 수록된 황순원 소설 연구 : 교육과정 변천에 따른 소설 수록 양상 중심으로」, 고려대학교 교육대학원 석사논문, 2012.

김미나, 「황순원 소설의 문학교육적 의의 연구 : 고등학교 문학 교과서에 수록된 황순원 소설 중심으로」, 고려대학교 교육대학원 석사논문, 2013.

김하영, 「현대 소설의 서술자에 관한 연구」, 고려대학교 교육대학원 석사논문, 2013.

박학희, 「황순원의 성장소설에 나타난 통과제의적 양상 연구 : 초기 단편소설을 중심으로」, 중앙대학교 예술대학원 석사논문, 2013.

손승희, 「학습자 중심의 소설 지도 방안 연구 : 황순원의 「소나기」를 중심으로」 경성대학교 교육대학원 석사논문, 2013.

심승주,「황순원 장편소설 인물의 방어기제 연구 :『인간접목』,『나무들 비탈에 서다』를 중심으로」, 건국대학교 교육대학원 석사논문, 2013.

이현정,「1950년대 소설 연구 : 고등학교 문학교과서에 수록된 작품을 중심으로」, 연세대학교 교육대학원 석사논문, 2013.

최용석,「황순원 단편소설 연구 : 문학적 지향을 중심으로」, 고려대학교 교육대학원 석사논문, 2013.

신아현,「황순원 소설에 나타난 폭력 양상 연구」, 고려대학교 대학원 석사학위논문, 2013.

왕명진,「황순원과 왕멍 소설의 인물 비교 연구 : 전후소설과 신시기 소설을 중심으로」, 아주대학교 석사학위논문, 2013.

쪼고에 다니엘라 안드레아,「한국 소설의 루마니아어 번역 연구 : 황순원 단편소설을 중심으로」, 한국학중앙연구원대학원 석사학위논문, 2014.

진혜남,「황순원 단편소설의 인물 연구 : 현실 대응 대도를 중심으로」, 고려대학교 교육대학원 석사학위논문, 2014.

박태민,「모둠 독서 활동을 통한 국어과 교수 학습 방법 연구 : 단편 소설 물 한 모금(황순원)수업을 중심으로」, 고려대학교 교육대학원, 국내석사, 2014.

정효진,「황순원 曲藝師의 교육적 가치와 지도 방안 연구」, 고려대학교 교육대학원 석사학위논문, 2015.

박민경,「황순원 소설의 서정성 연구 : 단편소설을 중심으로」, 고려대학교 교육대학원 석사학위논문, 2015.

산구마의,「황순원 시 연구」, 韓國學中央研究院 韓國學大學院 석사학위논문, 2015.

(2) 박사학위

김영수, 「한국소설의 연맥연구」, 중앙대 대학원 박사논문, 1985.2.
변정화, 「1930년대 한국 단편소설 연구」, 숙명여대 대학원 박사논문, 1985.
조남철, 「일제하 한국 농민소설 연구」, 연세대 대학원 박사논문, 1985.
송하섭, 「한국 현대소설의 서정성 연구」, 단국대 대학원 박사논문, 1987.2.
이월영, 「꿈 소재 서사문학의 사상적 유형 연구」, 전북대 대학원 박사논문, 1990.
남미영, 「한국 현대 성장소설 연구」, 숙명여대 대학원 박사논문, 1992.2.
양선규, 「황순원 소설의 분석심리학적 연구」, 경북대 대학원 박사논문, 1992.2.
양은창, 「1950년대 단편소설의 구조 연구」, 단국대 대학원 박사논문, 1999.2.
박양호, 「황순원 문학 연구」, 전북대 대학원 박사논문, 1994.2.
장현숙, 「황순원 소설연구」, 경희대 대학원 박사논문, 1994.8.
정영곤, 「현대 소설의 인물 관계 연구」, 부산대 대학원 박사논문, 1994.8.
박혜경, 「황순원 문학 연구」, 동국대 대학원 박사논문, 1995.2.
정희모, 「한국 전후 장편소설 연구 : 문학의식과 장편양식의 변화를 중심으로」, 연세대 대학원 박사논문, 1995.2.
오연희, 「황순원의 「日月」연구」, 충남대 대학원 박사논문, 1996.8.
김윤정, 「황순원 소설 연구」, 한양대 대학원 박사논문, 1997.2.
이명우, 「한국 농민소설의 사적 연구」, 동국대 대학원 박사논문, 1997.2.
황효일, 「황순원 소설 연구」, 국민대 대학원 박사논문, 1997.2.
허명숙, 「황순원 소설의 이미지 분석을 통한 동일성 연구」, 숭실대 대학원 박사논문, 1997.2.

남태제, 「황순원 문학의 낭만주의적 성격 연구」, 서울대 대학원 박사논문, 1997.

이경호, 「황순원의 소설의 주체성 연구 : 전후 장편소설을 중심으로」, 한양대 대학원 박사논문, 1998.8.

임영천, 「한국현대소설의 다성성과 기독교정신 연구」, 서울시립대 대학원 박사논문, 1998.8.

임진영, 「황순원 소설의 변모양상 연구」, 연세대 대학원 박사논문, 1999.2.

브루스, 풀튼, 「황순원 단편소설 연구」, 서울대 대학원 박사논문, 1999.8.

최예열, 「한국전후 소설에 나타난 현실인식 연구」, 대전대 대학원 박사논문, 2000.2.

곽경숙, 「한국 현대소설의 생태학적 연구 : 김동리・황순원 소설을 중심으로」, 전남대 대학원 박사논문, 2001.

김병희, 「한국 현대 성장소설 연구」, 서울여대 대학원 박사논문, 2001.

문화라, 「1950년대 서정소설 연구 : 황순원・오영수・이범선을 중심으로」, 이화여대 대학원 박사논문, 2002.

서재원, 「김동리・황순원 소설의 낭만적 특징 비교 연구」, 고려대 대학원 박사논문, 2002.

임채욱, 「황순원 소설의 서정성 연구」, 전남대 대학원 박사논문, 2002.

김태순, 「황순원 소설의 인물유형과 크로노토포스 연구」, 건국대 대학원 박사논문, 2003.

박 진, 「황순원 소설의 서정적 구조 연구」, 고려대 대학원 박사논문, 2003.

정수현, 「황순원 단편소설의 동심의식 연구」, 연세대 대학원 박사논문, 2004.

김형규, 「1950년대 한국 전후 소설의 서술행위 연구 : 전쟁 기억의 의미화를 중심으로」, 아주대학교 대학원 박사논문, 2004.

호병탁, 「한국현대소설의 '대화적 상상력'」, 원광대 대학원 박사논문, 2004.

박용규, 「황순원 소설의 개작과정 연구」, 서울대 대학원 박사논문, 2005.

김효석, 「전후 월남작가 연구 : 월남민 의식과 작품과의 상관관계를 중심으로」, 중앙대학교 대학원 박사논문, 2006.

김주현, 「1960년대 소설의 전통 인식 연구」, 중앙대학교 대학원 박사논문, 2007.

박지혜, 「황순원 장편소설의 서술기법과 수용에 관한 연구」, 아주대 대학원 박사논문, 2008.

이은영, 「한국 전후소설의 수사학적 연구」, 서강대학교 대학원 박사논문, 2008.

황효숙, 「한국 현대 기독교 소설 연구 : 1960~70년대 소설을 중심으로」, 경원대학교 대학원 박사논문, 2008.

김주성, 「황순원 소설의 샤머니즘 수용양상 연구」, 경희대 대학원 박사논문, 2009.

노승욱, 「황순원 문학 연구」, 서울대 대학원 박사논문, 2010.

방금단, 「황순원 소설 연구 : 유랑의식을 중심으로」, 성신여대 대학원 박사논문, 2010.

이 호, 「한국 전후소설과 중국 신시기소설의 비교 연구 : 황순원과 왕멍(王蒙)의 작품을 중심으로」, 경희대 대학원 박사논문, 2011.

에바 라티파, 「한국과 인도네시아 전후소설 비교 연구 : 황순원과 누그로호의 작품을 중심으로」, 경희대 대학원 박사논문, 2012.

한미애, 「인지시학적 관점의 문체번역 연구 – 황순원의 단편소설을 중심으로」, 동국대학교 박사학위논문, 2013.

1930년대 황순원 시 자료 발굴
1. 1931년 『매일신보』 소재 자료 발굴

누나생각

황천간우리누나
        그리운 누나
비나리는밤이면
        더욱그립죠
그리운누나얼굴
        생각날때면
창밧게비소리도
        설게들니오

—『매일신보』, 1931.3.19.

* 판독 불가한 글자는 □로 표기하였음.

봄싹

양지쪽따스한곳 누른잔듸로파릇한풀싹하나 돋아나서는 봄바람 살랑살랑 장단을 맞춰보기좋게 춤추며 개웃거리죠보슬비나리면은 물방울맺혀아름다운진주를 만들어내고 해가지고달뜨면 괴 잠들고별나라려행꿈을 꾸고잇어요

— 『매일신보』, 1931.3.26.

형님과누나

아츰햇님 방긋이
    숫아오를때
안마당 언덕우로
    물동이니고
울누나 타박타박
    올나옵니다

×

저녁해님 빙그레
    도라를갈제
뒤산밋 곱은길로
    나무짐지고
울형님 살랑살랑
    나려옵니다

—『매일신보』, 1931.3.29.

문들네숫

언덕길을것다가
　　　　　심심하기에
길엽에서 문들이
　　　　　썩어물엇네
둥그댕금백□□
　　　　　□□만녀라

×

들에서 소□이다
　　　　　쌈이나기에
□□에서□□네

　　　　　쓰더물엇네

□에□□□□
　　　　　□□말녀라

—『매일신보』, 1931.4.10.

달마중

동무들아 나오라
    달마중가자
손목잡고 산넘어
    달마중가자

×

달아달아, 밝은달
    노래부르자
즐거움게 썩여서
    춤을추자야
둥근달님 빠지마
    □□하여라

― 『매일신보』, 1931.4.16.

북간도

친구들아 잘잇거라
　　　　　나는가노마
북간도의 거츤물도
　　　　　쎠나가노라
×

우리동무 우리강산
　　　　　□니즉□ □
괴로움이 하도만혀
　　　　　쎠남이로다
-◇-
지금에는 가지가지
　　　　　서름이되어
보보행진 거름마다
　　　　　눈물쌕리나
×

다시올쌘 승리의긔
    들고오리니
동무들아 깃븜으로
    다시맛나세

          ―『매일신보』, 1931.4.19.

버들개지

버들개지 아씨는
    버들의 처녀
초록치마 저고디
    쌔끗이닙고
☐☐거울 압헤서
    맵시내다가
자긔☐☐ 살근이
    잠이들엇네
×

다음봄에 눈쓰니
    외머리흰털
누가볼가 붓그러
    머리숙이니
앞집총각 솜나무
    침침하여서
『엇지하여 늙엇나』

놀녀주엇네

註=왼머리흰텀이라는것은 □편것

─『매일신보』, 1931.4.26.

비오는밤

보슬비보슬보슬
    나리는밤엔
써나온녯고향이
    그리웁고요
☐☐☐는동모도
    그립습니다

×

박에선비소리만
    들녀오느남
안타가운가슴을
    부드켜안고
☐☐☐☐녯날을
    그려봅니다

         ―『매일신보』, 1931.4.28.

버들피리

　　□□에 버들피리
　　　　　　　　불어주면은
　　갓든제비녯집을
　　　　　　　　찾아오건만
　　돌벌녀□□□님
　　　　　　　　잇제안오나

　　×

　　안오실줄번연히
　　　　　　　　알기는하나
　　해여나하는마옴
　　　　　　　　타올나와서
　　나홀노버들피리
　　　　　　　　들고잇네

　　　　　　　　　　—『매일신보』, 1931.5.9.

七星門

허무더진성터에
　　　　　남은칠성문
비바람상판찬코
　　　　　우죽서잇죠
기와장엔어□야
　　　　　돗아나구요
기둥은절반이나
　　　　　썩엇습니다

×

넷째에드니□든
　　　　　작군□녕은
지금은어데갓나
　　　　　볼수가업고
늙고늙어굽어진
　　　　　솔나무하나

칠성문을직히고

　　　　　　서잇슴니다

-□□에서

　　　　　　　　　— 『매일신보』, 1931.5.13.

短詩三篇

바람

바람이 분다
네나 나나 보지는못하나
나무닙을 흔들고 간다

저녁

햇발이 서산을 넘엇다
우주는 황혼이 되고
산넘어 가마귀 제집을찻네

달 빗

명랑한 달빛

숙어진 □□으로 비춰어들고

어떳슬째 모른생각

이더러 속으로 새여몬다

―이 三篇의詩를 낫모르는 金在□兄님쎄드리나이다―

― 『매일신보』, 1931.5.15.

우리학교

우리학교교실은
　　　　　　오막사리집
그때도학생들은
　　　　　　서른명이고
다른학교공부를
　　　　　　나제하지만
우리들은공부를
　　　　　　밤에합니다
×

나제는지게지고
　　　　　　산에올나가
열심으로나무를
　　　　　　하여오구요
저녁밥을먹고는
　　　　　　학교여가서
동무들과안자서

공부합니다

— 『매일신보』, 1931.5.17.

하날나라

하늘나라 놉흔나라
　　　　자유의나라
□□으로 □은듯이
　　　　침침하구나

햇님달님 별님들의
　　　　보좌가되고
검은구름 흰구름의
　　　　운동□□이오

◇

하늘나라 넓은나라
　　　　슻업는나라
목화송이 쌕린듯이

　　　　　청결하구나

×

빗물업시 왓다가다
　　　　　백색쎼구름
뭉긔뭉긔 놉흔산이
　　　　　솟아나왓조

◇

하늘나라 머언나라
　　　　　무서운나라
검은물감 쌕린쯧이
　　　　　암흑하구나

×

압흐로갓 저편하늘
　　　　　검은쎄구름
흰하늘을 덥흔우에
　　　　　□□□하네

◇

잠시간에 변□는것
하날의나라
너희나라 모른정치
복잡하고나

×

햇님임군 달님장군
　　　　별님백성들
자유로히 살어감이

하늘의나라

—슷—

—『매일신보』, 1931.5.22.

이슬

풀닙우에 매달면
    은구슬은요
이쌔밤에 하날서
    선물은게죠

×

반짝반짝 □벗채
    비를내고는
방울방울 땅속에
    숨어바려죠

―『매일신보』, 1931.5.23.

별님

금빛햇님 말업시
    서산넘으면
어듸선지 □님을
    쌈박어리며
푸른하늘 저강에
    나타납니다

×

금빛햇님 슬몃이
    먼동이되면
밤새도록 써돈별
    달님그리워
하나둘식 뒤따라
    사라집니다

—『매일신보』, 1931.5.24.

할연화

우리집꼿밧쎄
    어리꼿중에
그중에서활련화
    가장고와요
아츰해가씨을쎄
    나가서면은
아침빗해빗섞여
    방슥웃으며
『어제밤에잘잣소』
    문안하고요
저녁밥을먹고서
    물을주려면
저녁바람살-살
    간독이면서
『오날밤도잘자소』
    인사를해요

―『매일신보』, 1931.5.27.

시골저녁

서편산에 걸린해
　　　　　　몸을감추면
뒤동산의 범국새
　　　　　　밤재촉하고
하로종일 일하는
　　　　　　농부님들은
안□안에 모혀서
　　　　　　애기합니다

×

차차로히 저녁빗
　　　　　　깁허가면은
이집저집 방풍틈
　　　　　　놀이가고요
오양간에 안소는
　　　　　　단꿈을꾸며

□□로히 긴한숨

　　　　　내여쉽니다

　─숫─

　　　　　　　　　　　─『매일신보』, 1931.5.28.

할머니무덤

산비탈에 불룩한
              할머니무덤
이십팔년 긴세월
              흘러갓건만
금년봄도 새싹은
              엄이□고요
뻑쭉새는 □차서
              노래합니다

    ×

압님이 어떨째
              써난할머님
지금까지 계시면
              쪼호련만은
먼나라로 써나신
              몸이된고로

불□되어 □려도

　　　　웃은답니다

―□□의□□이되신 할머님을 □□하며

　　　　　　　　　　　　　　　― 『매일신보』, 1931.6.2.

나

아날도××학교
　　　　　문박게와서
□신을바라보고
　　　　　눈물움치어
이한달을이러째
　　　　　보내려하네
□과가리공부도
　　　　　못하는이를
어데가서하소연
　　　　　하여볼건가

×

하룻날도저물어
　　　　　발을옴길째
저산넘어가마귀
　　　　　쎄를지어서

짜옥짜옥쩨깃□
　　　　　　차져가건만
집업서갈□□
　　　　　　외로운이몸
어데가서하룻밤
　　　　　　새울것이가

　　　　　　　　　—『매일신보』, 1931.6.7.

回想曲

비오는 어둔밤에
　　　　조용히안저
어려서 놀든째를
　　　　생각하면은

하염업는 눈물이
　　　　줄을지어서
여윈얼골 두뺨에
　　　　흘너집니다

밝은달이 비춰는
　　　　뒷담밋헤서
고향하늘 보고서
　　　　서서잇스면
□가□는 가슴에

       매친 슬흠이

 끈임업는 한숨이

              솟아납니다

—故鄕에 있는 동무들께

                    —『매일신보』, 1931.6.9.

봄노래

나리고 싸힌눈
　　　　　녹아흐르고
싸스한 봄바람
　　　　　불어옵니다
×

뜰안에 곱게핀
　　　　　매화꼿우에
범나븨 힌나븨
　　　　　춤을춥니다
×

냇가에 느러진
　　　　　실버들가지
나리는 뜰우에
　　　　　헤엄칩니다

—『매일신보』, 1931.6.12.

갈닙쪽배

갈닙쪽배만드러
쯰워놧드니
소금쟁이배ㅅ사공
노를저어서
넓은바다햐아여
쩌나갑니다

버들가지느러지
그늘짓는속
어기어차배저어
지나가고요
머나먼려행길을
걱정도안코
솔솔솔봄바람에
쩌나갑니다

―『매일신보』, 1931. 6. 13.

거지아희

한술주소 거지애
가이업는애
전날가티 오날도
밥통을메고
집집마다 단니며
구걸합니다

밤이되면 방칸에
게쓰고자며
낮이되면 길써나
어더먹는데
눈이오고 바람센
물쓸날에도
쉬임업시 배쥐고
단닌답니다

『주인어멈 밥한술

보내주시요』
긔운업시 전하며
애걸할때애
악착스런 주인은
밥이업다고
고함치며 거지애
흘겨봅니다

멧멧동안 죽한술
먹지못하여
휘인배를 싸고서
머뭇거리나
어느누구 그애를
불쌍히녁어
먹을것을 주는이
업섯답니다

— 『매일신보』, 1931.6.19.

외로운등대

껶임업시 반작~
외로운등대
모든물건 꿈나라로
려행갓슬째
헤매이는 쪽배들의
목표가되고
엄마일흔 물새들의
등불됩니다

밤새도록 번적~
외로운등대
너희동무 불켜주는
소녀아희와
하날놉히 빗최이는
저변이되나
비쑦리고 구진날은
누가됩니싸

남은빗줄 반작~

외로운등대

바람불면 물결와서

삼키려하고

구름뫼면 눈비나려

침노를하니

등대생활 그언제나

외로운것쑨

―『매일신보』, 1931.6.24.

우리옵바

지게꾼 우리옵바
힘쎈옵바는
조밥에 장덩어리
먹고지내나
어밥먹고 잘노는
게름□보다
멧곱이나 마음이
억세답니다

아츰부터 밤까지
쉬지도안코
무거운짐 자고서
다니지만은
걱정업고 일업는
그놈보다는
튼튼함이 멧배나
더하답니다

—『매일신보』, 1931.6.27.

소낙비

먹장가튼구름쌔
몰리여서날드니
툭탁~ 소낙비
우박가티나리네
연한나무가지는
절반이나누엇고
도랑에논흙물이
살쏜가티흐르네

—『매일신보』, 1931.6.27.

종소래

새벽공기 흔드는
새벽종소래
건넌마을 절간서
들니어오조
깃분아츰 알니는
종소래것만
알수업는 슬흠이
숨겨옵니다

아츰쌜째 알니는
새벽종소래
넓은돌을 거치어
고히들니조
『동무들아 쌔어라
일터로가자
새벽종은 울닌다
어서쌔어라』

—『매일신보』, 1931.7.1.

단오명절

손곱아 가디리든
단오날오면
동리사람 새옷을
걸처닙고서
뒷동산에 올나가
근네를쮜며
깃븜으로 이날을
마지하지만
쓸쓸한 우리집안
헌옷닙고서
어제나 달음업시
일만하지요

찰아리 이런명절
오지안으면
압흔마음 얼마큼
나엇갯서도

슯흠실은 명절은
쉬지도안코
돈업는 내집에도
김을매면서
활—활 올나가는
근네를보죠

―『매일신보』, 1931.7.2.

걱정마세요

어머님 나를보고
걱정마세요
나희는 어리나마
피는살엇소
먹을것이 업스면
일을하지요
돈업서 그러케도
걱정됩닛가

어머님 나를보고
울지마세요
학교의 동무들이
차지어와도
이자식 학교못가
슯허마세요
마음만 살엇스면
걱정될잇죠

―『매일신보』, 1931.7.3.

수양버들

시냇가에 늘어진
수양버들에
머리풀어 물속에
적시고잇네

고기색기 몰녀와
놀자고하나
수양버들 실타고
머리흔드네

—陵□島에서

—『매일신보』, 1931.7.7.

여름밤

무더운 여름밤은
잠안오는밤
모기깩기 앵—앵
날어단니고
밤개골이 와글와글
짓그려대죠

히미한 반쪽달이
써올나오면
풀닙의 버레들은
노래불으고
시냇물은 졸 졸
소리를내조

—『매일신보』, 1931.7.19.

모힘

잔등불이 켜잇는
초가집으로
어려동무 발맛처
모혀가지고
우리소년 할일을
의론하면서
잘살어갈 준비를
하여보세나

간들~ 불빗치
히미해가며
모힌동무 두눈은
빗츨내고요
목청합해 만세를
고함치면은
고히잠든 □하가
옴죽어리네

—『매일신보』, 1931.7.21.

시골밤

서편산에 걸닌해
몸을감추면
뒷동산에 올뺌이
밤재촉하고
하로종일 일하든
농부님들은
일출안에 모혀서
딤배쫌니다

차차로히 저녁빗
깁혀가면은
집집마다 밤드울
늘어른가고
오양깐에 암소는
단숨을쉬며
째째로히 긴한숨
세여쉽니다

—『매일신보』, 1931.8.29.

버들개지

버들개지 아씨는
버들의 처녀
초로치마 저고리
쌔긋이닙고
물결거울 압혜서
맵시내다가
자긔를내 살근이
잠이들엇네

다음봄에 눈쓰니
왼머리흰털
누가보랴 붓그러
머리숙이니
압집총각 솔나무
청청하여서
엇지하여 늙엇나
너흘거리네

—『매일신보』, 1931.9.5.

꼿구경

복사꼿피엇다가
문을열고서
안는몸니르키여
내다봣드니
발숙~ 복사꼿
나를보고서
『엇지하여알느냐』
문안을하네

남가티산에올나
꼿구경못태
나혼자누어잇서
뜰에피인꼿
마음쩟바라보고
눈을감으면
압흐든모든생각
사라집니다

—『매일신보』, 1931.9.13.

2. 1935년 10월 15일 『조선중앙일보』 소재 자료 발굴

개아미

죽은 지렁이,
산 개아미, 개아미, 개아미
개아미, 개아미……
　○
　여름날, 적은 불개미 한 마리가 길게 늘어 죽은 지렁이 한마리를 물어 뜻고잇다, 큰 소낙비 지난뒤 검은 구름ㅅ새로 어글어글 햇볕이 내려 쪼일때, 낫게 부는바람이 행결 살ㅅ결에 반가로울때.—그럼 죽은 검붉은 지렁이는 언제부터 이곳에 잇섯나, 또 어느새 빩안 개아미 떼들이 이러케 몰려 왓나, 마당에 노힌 판ㅅ돌여페.
　○
　—죽은 지렁이는 꼼작 못하고,
　산 개아미는 옴짓옴짓 끌고가고,
　—죽은 지렁이는 흙투성이되고,
　산 개아미는 작고만 모혀 들고,
　—죽은 지렁이는 남의밥이되고,
　산 개아미는 부즈런한 일꾼이되고.
　○

아까 소낙비가 악수로 쏘다지기전에는 이 지렁이도살어 잇서슬까, 개아미에 비하야그러케나 몸집이 큰 지렁이가 지금은 보기실케 그 기인 몸을 늘어트리고 움직이지 못하는 지렁이가. 올치 지난소낙비에 마저 죽엇다면 그는 넘우나 약하지.그럼 대체 오글오글 달려드는 개아미떼들은 어데서 그비를 그엇슬까, 참 어떠케 줄세인비발을, 흘으는 흙물을 피햇슬가. 그리고 이 적은 동물은 겨울동안 땅속에서어떤모양을하고잇슬까.『개아미와 매암이』라는이야기속가티 여름에 버러들인것을 아무걱정업시 놀고 먹구만 잇슬까.

─개아미

허리를 동인 몸에 무장을 하고 觸手달린 머리에 투구를 쓴 벌레 자긔몸의 멧배나되는 지렁이를 끌어가는 삶의 용사. 참말 나는 때로 그들에게 질투와 함께 공포를 느긴다─ 이지구껍질에서 사람의 종자가업서지는때 그때에 우리는 이 적은 벌레한테 물어 띄키우지나 안흘까하고 지금눈알에 지렁이가 당하고 잇는것가티.

○

죽은 지렁이

산 개아미 개아미 개아미 개아미 개아미……아페 불개미떼의 굴이 차차 가까워 온다.

(一九三五年七月)